KB276048

그 위험한 아이는
어디로 달아났나

그 위험한 아이는
어디로 달아났나

그 위험한 아이는
어디로 달아났나

초판 발행	2026년 2월 10일초판 1쇄
지은이	김영걸
펴낸곳	피앤피북
펴낸이	최영민
인쇄제작	미래피앤피
주소	경기도 파주시 신촌로 16
전화	031-8071-0088
팩스	031-942-8688
전자우편	hermonh@naver.com
등록일자	2015년 03월 27일
등록번호	제406-2015-31호
ISBN	979-11-94085-92-8 (03130)

· 정가는 뒤표지에 있습니다.
· 헤르몬하우스는 피앤피북의 임프린트입니다.

그 위험한 아이는 어디로 달아났나

김영걸 지음

빈 자리마다 불던 바람
감춰진 진실의 조각들
기울어진 삶의 자리
떠도는 마음의 무게
끝내 삼키지 못한 말들

헤르몬하우스
HERMONHOUSE

들어가며

말하지 못한 삶이, 책이 되었을 때

나는 평생 말을 아끼며 살아온 사람이다. 말을 못 해서가 아니라, 말해봐야 소용이 없다고 믿었기 때문이다. 설명해도 이해받지 못했고, 털어놓아도 돌아오는 건 오해이거나 침묵이었다. 그래서 나는 늘 몸으로 대신했다. 말 대신 일을 했고, 감정 대신 버텼고, 항변 대신 침묵을 택했다. 그게 살아남는 방식이라고, 오래도록 믿어왔다. 이 책에 담긴 이야기는 그렇게 오래 눌러두었던 말들이다.

누군가에게 들려주기 위해 준비해 둔 말이 아니라, 그저 가슴속에서 꿈틀거리다 끝내 나오지 못했던 말들이다. 나는 내 삶을 특별하다고 생각해본 적이 없다. 오히려 별것 없는 인생이라고 여겼고, 굳이 꺼내 보일 이유도, 자랑할 이유도 없다고 생각했다. 그런 내가 인터뷰를 하게 되었다. 처음엔 솔직히 반신반의했다. 이런 이야기를 해서 뭐가 달라질까. 내가 살아온 시간들이 누군가에게 의미가 있을까. 괜히 상처만 다시 헤집는 건 아닐까.

그래도 마주 앉았다. 마주 앉아, 묻는 말에 답했다. 이상한 일이 일어났다. 말을 하기 시작하자, 몸이 먼저 반응했다. 숨이 깊어졌고, 가슴이 풀렸고, 어떤 말은 나도 모르게 툭 튀어나왔다. 그동안 한 번도 입 밖으로 꺼내지 않았던 말들이었다. 가족 이야기, 노동 이야기, 분노와 외로움,

부끄러웠던 순간들과 아직도 아픈 기억들. 말하는 동안 몇 번이나 멈췄고, 몇 번이나 침을 삼켰고, 몇 번이나 고개를 떨궜다.

그런데도 인터뷰는 멈추지 않았다. 누군가가 끝까지 들어주고 있다는 사실이 이토록 큰 힘이 될 줄은 몰랐다. 판단하지 않고, 재촉하지 않고, "왜 그랬냐" 대신 "그때 어땠냐"고 묻는 방식. 그 질문들 앞에서 나는 처음으로 내 삶을 변명하지 않아도 되었다. 말하고 나니, 후련했다. 가볍다기보다는, 정직해졌다는 느낌에 가까웠다. 내가 어떤 사람이었는지, 어떤 선택을 했고 어떤 시간을 건너왔는지, 스스로에게 숨기지 않아도 되는 상태. 그게 이렇게 편안한 줄은, 정말 몰랐다.

이 책은 인터뷰로 시작되었다. 말로 꺼낸 이야기들이 하나둘 정리되었고, 그중 일부는 내가 직접 글로 적기도 했다. 하지만 솔직히

말하면, 내가 쓴 글보다 인터뷰 속 말들이 더 나를 닮아 있었다. 글로 쓰려 하면 멈칫했던 문장들, 차마 표현하지 못하고 돌아섰던 장면들이 인터뷰 속에서는 그대로 살아 움직이고 있었다.

책의 원고를 처음 읽었을 때, 나는 낯선 사람의 이야기를 읽는 기분이 들었다. 분명 내 삶인데, 이렇게 차분하게 정리된 내 이야기를 나는 처음 마주했다. 어떤 문장은 읽다가 손을 멈췄고, 어떤 문장은 한참을 바라보았다. 마치 그 순간으로 다시 돌아간 것처럼 냄새와 소리와 온도가 함께 떠올랐다. 그때 알았다. 이 책은 단순히 기록이 아니라는 것을. 이 책은 내가 살아온 시간을 다시 제대로 바라보게 만드는 자리라는 것을.

나는 평생 노동자로 살았다. 그 말이 부끄러웠던 시절도 있었고, 남들 앞에서 작아졌던 순간도 많았다. 가족과의 관계에서도, 사랑 앞에서도, 나는 늘 서툴렀다. 그 서툶 때문에 상처를 주기도 했고, 상처를 받기도 했다. 그런데 이 이야기들이 한 권의 책으로 엮이고 나니 내 삶이 전혀 다른 얼굴로 다가왔다. 대단해서가 아니라, 정직해서. 화려해서가 아니라, 끝까지 버텨왔기 때문에. 별것 없다고 여겼던 시간들이 이렇게 모여 보니, 분명한 무게와 결을 가지고 있었다.

출판사 이름을 처음 들었을 때는 솔직히 잘 와닿지 않았다. 『당신은 아름답습니다』 그 말이 나 같은 사람에게 어울릴까 싶었다.

   들어가며

아름답다는 말은 늘 다른 사람 이야기 같았으니까. 그런데 책이 완성되고 나서야 그 말의 뜻을 조금 알 것 같았다. 아름답다는 건, 잘났다는 말이 아니었다. 성공했다는 말도 아니었다. 망가지고, 흔들리고, 넘어지고도 자기 삶을 끝내 놓지 않은 사람에게 붙일 수 있는 말이라는 걸 이제야 이해했다.

이 책은 누군가를 설득하기 위한 책이 아니다. 교훈을 주기 위한 책도 아니고, 위로를 강요하는 책도 아니다. 그저 한 사람이 자기 삶을 있는 그대로 내놓았을 뿐이다. 부끄러운 것도 숨기지 않고, 잘한 일만 골라 적지도 않았다. 그렇게 솔직해질 수 있었던 건 이야기를 들어준 사람이 있었기 때문이다. 말할 수 있어서 좋았다. 말로 남길 수 있어서 더 좋았다. 그리고 그것이 책이 되었을 때, 나는 생각보다 훨씬 큰 기쁨을 느꼈다.

내 삶이 누군가의 손에 의해 함부로 다뤄지지 않았다는 안도감, 그리고 이제야 제대로 한 번 살아본 것 같다는 느낌. 이 책을 읽는 누군가가 나와 비슷한 시간을 살아왔다면, 혹은 지금도 버티고 있다면, 이 이야기가 조금은 곁이 되었으면 한다. 나처럼 말하지 못하고 살아온 사람이 있다면 "당신의 삶도 충분히 말이 된다"고 조심스럽게 전하고 싶다.

나는 여전히 완성된 사람이 아니다. 여전히 서툴고, 여전히 흔들린다. 하지만 이렇게 한 번 내 삶을 말하고, 기록하고, 남길 수 있었던 것만으로도 충분히 값어치가 있었다고 지금은 말할 수 있다. 이 책이 누군가에게 조금 늦게 도착한 위로나, 말해보지 못한 마음을 꺼낼 용기가 된다면 그것으로 충분하다. 그리고 이 자리를 빌려 말해본다. 고맙습니다. 이야기를 들어주셔서, 삶을 함께 건너와 주셔서.

나는 이제야 알게 되었다. 내 삶이 이렇게 말이 될 줄은 몰랐다. 그리고 그 말들이 모여 한 권의 책이 될 줄은 더더욱 몰랐다. 그래서 지금, 이 책의 첫머리에 이 말을 남기고 싶다. 말하지 못한 삶도, 글이 되었을 때 비로소 숨을 쉰다는 것을. 그리고, '당신은 아름답습니다.' 이제야, 그 말이 내 이야기처럼 들린다.

2026년 1월

김영걸

차 례

빈자리마다 바람이 불었다

군용 트럭의 먼지 속에서 자란 어린 날은

배고픔이 일상이었다.

흙냄새와 가난으로 가득했지만,

폐허 위에 돋는 풀처럼

작은 웃음과 따뜻한 손길이 곳곳에서 자라났다.

어둠 속에서도 희미하게 남던 그 빛이,

차가운 현실에서도 온전히 기댈 수 있었던 따뜻함이,

지금도 내 안의 가장 조용한 힘으로 남아있다.

1958년, 개띠

세상은 유독 나에게 거칠었다. 나는 늘 생존부터 배워야 했다. 1958년, 개띠로 태어난 나는 전쟁의 그을음을 들이마시며 자랐다. 폐허 위에서 태어나, 굶주림을 공기처럼 들이켰다. 나라가 막 숨을 고르기 시작할 무렵, 우리 세대는 어린 시절부터 이미 어른처럼 살아야 했다. 배고픔은 일상이었지만, 그 배고픔 속에서도 서로의 밥을 조금씩 나누어 먹는 법을 배웠다. 가난을 숨처럼 들이마셨지만, 그 가난 속에서 가족의 체온과 이웃의 정을 함께 들이마셨다. 폐허 위에 돋는 풀처럼 어려운 환경 속에서도 우리의 웃음도 돋아났다. 우리는 어렵게 살았지만, 그 어려움이 우리를 서로에게 더 깊숙이 묶어주었다.

멈출 수 없는 인생

나는 태어날 때부터 달리는 세상에 끌려 들어왔다. 강원도 철원의 마을 길은 흙먼지가 자욱했고, 그 길 위로 미군 트럭이 지나가며 바람을 일으켰다. 사람들은 원조 밀가루로 국수를 삶고, '잘살아보세' 노래가 라디오에서 흘러나왔다. 그러나 라디오 밖의 현실은 여전히 어두웠다. 배급표를 들고 줄을 서던 어머니는 손이 떨렸지만, 내 손을 잡을 때만큼은 단단했다. 아버지는 군복을 벗은 뒤 하루아침에 세상 밖으로 밀려났다. "이제부터는 네가 사람답게 살아야 한다"는 말을 나는 너무 일찍 들었다.

개띠라는 건, 늘 달리고 또 달리는 운명 같았다. 축구를 하며, 친구들과 놀면서, 때로는 달리기 시합에서도 달렸다. 또 나는 굶지 않기 위해 달리고, 맞지 않기 위해 달리고, 살아남기 위해 달렸다. 그러다 보면 어디로 향하는지조차 몰랐다. 숨이 턱까지 차올라도, 멈출 수 없는 인생이었다. 전쟁은 끝났지만, 우리 세대는 경쟁이라는 이름의 전쟁 속에서 살았다. 같은 반 친구가 도시락을 싸 오면, 그게 왜 그렇게 부러운지 몰랐다. "우리도 곧 잘살 거야"라는 어른들의 말은 약속이라기보다, 자기 위안처럼 들렸다.

가난은 부끄러움이 아니라, 그 시절 누구나 등에 지고 다니던 짐이었다. 그 짐이 무겁지 않다고 말하는 법을 배워야 했다. 그러면서도 우리는 서로를 의지하면서 가난을 이겨냈다. 나는 어릴 때부터 세상이 공평하지 않다는 걸 알았지만, 공평하지 않은 세상에서도 '함께'라면 버틸 수 있다는 것도 배웠다. 누군가는 태어날 때부터 신

   1. 빈자리마다 바람이 불었다

발을 신고 있었고, 누군가는 맨발로 흙을 밟았다. 나는 그 흙의 냉기를 기억한다. 그 냉기가 지금도 내 마음 한구석에서 식지 않은 채 남아있다. 그 차가움이 나를 더 단단하게 했고, 그 속에서 피어오르던 따뜻한 온기가 결국 나를 지켜냈다.

그래서였을까. 나는 언제나 조금 더 세상에 맞서고 싶었다. 누가 나를 밀어도 다시 일어설 수 있었고, 넘어져도 먼지를 털고 다시 달릴 수 있었다. 악다구니를 써야만 다음 날의 밥이 보장되던 시절이었지만, 외롭지 않았다. 늘 누군가 내 옆에 있었다. 가족이 있었고, 친구가 있었고, 이웃이 있었다. 그 시절의 따뜻한 공기가 기억난다.

나는 개띠였다. 충직하고 끈질기며, 때로는 경계하며 짖지 않고는 버틸 수 없던 존재. 세상은 나를 길들이려 했고, 나는 끝내 길들여지지 않으려 했다. 지금 돌아보면, 그 모든 고단한 세월이 나를 만든 것이기도 하다. 상처와 굴욕 사이에서도, 고난 속에서도, 늘 '살아 있음'을 느끼게 해준 것은 그 속에 숨어 있던 작은 행복들이었다. 그 행복이 있었기에 나는 끝내 부서지지 않았다.

기억의 저편

나는 1958년 11월 9일, 충청남도 논산 근처 강경에서 태어났다.

호적에도 그렇게 적혀 있고, 어머니도 늘 '강경에서 낳았다'고 말씀
하셨다. 그때는 전쟁이 끝난 지, 겨우 오 년이 지난 시절이었다. 나
라 전체가 가난했고, 사람들의 삶은 여전히 흙과 먼지 속에 있었다.
길가에는 군용 트럭이 자주 오갔고, 남루한 군복을 입은 사람들이
거리를 채웠다. 어디를 가든 '복구'라는 말이 따라다녔다. 아이들의
놀이는 주워 온 탄피로 총 놀이를 하는 것이었고, 돌담 틈에는 녹슨
수류탄 파편이 박혀 있었다. 그건 놀라운 일이 아니었다. 그 시절엔,
모두가 폐허 위에서 자랐다.

어머니는 나 때문에 고생을 많이 하셨다. 어렸을 때 나는 유난
히 약하고, 피부도 좋지 않았다. 피부가 헐어 상처가 곪으면 약을
살 돈이 없어 소금물이나 간장 물로 몸을 닦았다. 그 냄새가 지금도
어렴풋이 떠오른다. 밤이면 살갗이 쓰라려서 잠을 이루지 못했고, 그럴
때마다 나는 새벽까지 울었다. 어머니는 거의 잠을 못 주무셨다. 불빛
도 없는 방 안에서, 내 울음이 멎을 때까지 부채로 살결을 식혀 주
셨다. 그 부채질의 바람에는 땀 냄새와 고단함, 그리고 사랑이 함께
섞여 있었다. 아마 그 시절 어머니의 신경은 언제나 곤두서 있었을
것이다. 삶이 그분의 어깨 위에서 삐걱거렸으니까. 밥은 늘 모자랐고,
빨래는 마를 새가 없었으며, 그 모든 피로가 나의 울음과 뒤섞여 있
었을 것이다.

내 희미한 기억으로, 집은 강경에서 강원도 화천으로 갔다. 그곳

  1. 빈자리마다 바람이 불었다

에서 막냇동생이 태어났고, 할머니가 돌봐주었던 기억이 어렴풋이 남아있다. 그리고 또다시 철원으로 옮겼고, 나는 철원의 청양초등학교를 다녔다. 집에서 학교까지 거리가 멀어 책가방 대신 허리에 끈을 매고 다녔다.

초등학교 1학년부터 2학년까지 어린아이 걸음으로 거의 왕복 두 시간 가까운 시간을 논길과 산길을 걸어 다녔다. 그 어린 마음에도 산길이 주는 두려움보다는 자연이 주는 즐거움이 있었다. 우리 집 윗집에는 양어장을 하는 부잣집이 있었는데 그 집 아들과 함께 학교에 다녔다. 학교를 갈 때는 늦지 않기 위해 부지런히 걸었지만 집에 올 때는 친구와 장난도 치고 아카시아꽃도 따먹고 뽕나무 열매를 따 먹기도 했다. 그 근처에 한탄강 물줄기가 있었는데 군인들이 수류탄 뇌관을 터트려 기절한 물고기를 잡기도 했다. 수영을 못하는 나는 바라보고만 있었지만 수영할 줄 아는 동네 형들은 수영해서 물 위에 둥둥 떠다니는 물고기를 건져 오기도 했다. 어린 나는 특히 아카시아 꽃을 따먹으며 친구와 함께 웃었던 기억이 행복하게 남아있다. 그 당시 달짝지근한 꽃의 맛과 뽕나무 열매는 내 머릿속 행복 뇌관을 건드리는 맛이었다. 아직도 산길을 걸어가던 어린 나의 뒷모습이 눈에 그려진다.

아버지는 육군 상사로 직업군인이었다. 그 시절 군복은 하나의 신분증이었다. 군인은 가난했지만, 그래도 '나라의 사람'이었다. 어머니는 늘 아버지를 따라 부대 근처로 이사했다. 그때마다 우리는 낯선 하늘 아래에서 새로 시작해야만 했다. 강원도의 산골에는 안개가 자주 끼었고, 나는 그 안개 속에서 앞날에 대한 궁금증을 키웠다. 안개 너머의 세계를 수많은 상상으로 채워갔다. 그리고 안개 속에서 기억하는 집의 냄새는 나무 타는 냄새, 군용 훈련장의 흙냄새, 그리고 어머니의 밀가루 냄새였다.

어머니는 부대 근처에서 빵집을 하셨다. 군인들을 상대로 장사를 하셨는데, 언제나 하얀 밀가루가 공중에 흩날리고, 달달한 단팥 냄새가 골목 끝까지 번졌다. 당시 사람들은 그것을 '미제 밀가루'라 불렀고, 그것으로 국수도 만들고, 풀도 쑤고, 아이들 얼굴에 분처럼 바르기도 했다. 그 시절의 냄새를 지금도 잊지 못한다. 당시에 가난은 부끄러운 것이 아니라, 그냥 일상의 공기였다.

어릴 적 기억 중 가장 선명한 장면은 철원 냇가였다. 여름이면 냇가에 아이들이 몰려들었다. 장마철에는 물이 순식간에 불었고, 그 물살에 휩쓸려 떠내려간 나를 어머니가 건져 올렸다고 했다. 나는 기억이 없지만, 어머니가 여러 번 이야기해 주셨다. 그 이야기를 들을 때마다, 나는 그 물속에 내가 두 번 태어났다는 생각을 했다. 한 번은 어머니의 뱃속에서, 한 번은 냇물 속에서. 그때부터였을까? 나는 물을 볼 때마다 두려움과 동시에 이상한 경외심을 느꼈다. 살아 있다는 건, 언제든 떠내려갈 수 있는 일이라는 걸 어린 나도 어

　　　　　　　　　　1. 빈자리마다 바람이 불었다

럼풋이 알았다.

의정부 천막촌

그 시절 어머니는 늘 일에 쫓기셨다. 빵을 굽고, 물을 나르고, 때로는 부대 식당에까지 가셨다. 아버지는 늘 단정했다. 군복의 주름 하나, 군화의 먼지 하나에도 예민했다. 집 안에도 군대식 규율이 있었다. 식사 전에는 묘한 긴장감 앞에서 밥상 앞에 앉아 있었다. 밥상 위에는 늘 질서가 있었다. 아버지의 목소리는 짧고 단호했다. 그 말투 속에서 나는 세상이란 것이 늘 위계와 명령으로 움직이는 곳이라 생각했다.

내가 초등학교 2학년쯤 되었을 때, 아버지는 군을 그만두셨다. 정확한 이유는 몰랐지만, 월남전 파병을 가지 않기 위해서 원사 진급을 포기하고 전역을 했다고 들었다. 아버지는 퇴직 후에 배추 장사를 하셨다. 그랬던 것도 잠시, 무엇 때문인지 그 퇴직금이 한순간에 사라지면서, 우리는 급격히 추락했다. 얼마 뒤, 사람들은 '보상금'을 받아 나왔다가 사기를 당했다고 수군거렸다. 집도, 군인 가족이라는 이름도, 순식간에 사라졌다. 그즈음의 나라 역시 요동치고 있었다. 한일 협정부터 월남 파병까지 세상은 시끄러웠고, 라디오에서는 '근대화'와 '국가 재건'이라는 말이 넘쳐났다. 그러나 그 말들은 라디오 속에서만 울렸다. 우리 같은 사람들의 현실은, 그 모든 말과는 달랐다.

우리는 의정부 천막촌으로 흘러들었다. 도시의 가장자리, 언덕 아래로 천막들이 줄지어 늘어선 작은 마을이었다. 천막촌은 말 그대로 비닐과 나무판자로 대충 만들어 올린 집들이 모여 있는 곳이었다. 비가 오면 천막 틈새로 물이 숨어 들어왔고, 겨울이면 바람이 비닐 벽을 찢어 놓을 듯 흔들었다. 밤이면 어딘가에서 싸우는 소리, 아이 울음소리, 라디오에서 흘러나오는 박정희 대통령의 목소리가 서로 섞여 들어왔다.

"우리도 잘살 수 있다."

그 말은 마치 주문 같았지만, 천각 속에서 듣는 그 목소리는 이상하게 멀게만 느껴졌다. 잘산다는 것이 어떤 모양인지 우리는 아무도 몰랐다. 그래도 사람들은 모두 비슷한 얼굴이었다. 가난했지만 어딘가 서로에게 기대어 살던 얼굴들. 누군가는 막일을 나갔고, 누군가는 폐지를 주웠다. 어른들은 막걸리 한잔으로 하루를 버텼고, 아이들은 빈 깡통을 굴리며 놀았다. 천막촌 전체가 하나의 작은 나라 같았다.

하지만 그 작은 나라 안에서, 나의 세계는 조금 달랐다. 어른들의 세상은 늘 거칠고, 자주 무너졌고, 어디가 끝인지 알 수 없는 회색빛이었다. 그런데 이상하게도, 나는 그 속에서 '따뜻함'을 먼저 배웠다. 천막은 낡아 비가 새고, 바람이 불면 비닐이 갈기갈기 찢어질 듯 흔들렸지만, 그 속에선 다섯 식구가 서로에게 등을 기대고 살았다.

비가 쏟아지는 날이면, 어머니가 "자, 이리 좀 가져와라!" 하고 양동이를 건네주면 아버지가 묵묵히 그 옆에 또 다른 양동이를 놓고, 우리는 신발도 챙기지 않은 맨발로 천막 안을 뛰어다녔다.

"저기로 새네!"
"아니다, 여긴 더 많이 떨어진다!"

물 떨어지는 소리가 천막 안을 가득 채우면, 그게 우리 집의 빗소리였다. 눈보라가 몰아칠 때는 더했다. 천막이 바람에 바스러질 듯 흔들리면 어머니는 여동생을 품에 안았고, 아버지는 우리 셋 앞에 둔탁한 몸을 세웠다. 아버지의 뜨거운 숨결이 날숨마다 앞머리를 흔들었다. 나는 그때 처음 알았다. 가난보다 더 무서운 건 바람이 아니라, 그 바람을 막아줄 사람이 없는 거라는 걸.

따뜻했던 가난

그 속에서 나는 꽤 명랑한 아이였다. 지금 생각하면 거의 기적 같은 일이다. 가난했지만, 가난하다는 걸 몰랐다. 어른들이 얼마나 고단했는지, 밥 한 그릇을 얻기 위해 얼마나 큰 희생이 들어 있었는지도 몰랐다. 나는 그저 놀았다. 뛰었고, 웃었다. 세상이 전부 흙바닥 같은 줄 알았다. 학교는 산 아래 있었다. 매일 아침 삼십 분 넘는 산길을 걸어 내려갔다. 비포장로로였고, 길에는 흙먼지가 가득 날렸다. 가끔은 집 앞의 개들이 목줄을 당기며 짖어댔다. 나는 숨을 멈추고 여동생 손을 꼭 잡고 지나갔다.

"괜찮아. 그냥 가면 돼."

어린 내가 그렇게 말하며 동생을 달랬다. 지금 생각하면 웃긴 일이다. 나도 무서웠는데. 그래도 학교에 가면 마음이 맞는 친구가 한 명 있었다. 이름은 기억나지 않지만, 웃음소리만큼은 내 기억 속에 아직 선명히 남아있다.

"야, 오늘도 뛰자!"

그 한마디면 하루는 이미 즐거운 날이었다. 놀이터도, 장난감도 없었다. 대신 산길 옆 흙바닥이 있었다. 거기면 충분했다. 나뭇잎을 던지고, 흙을 차고, 돌을 굴리고, 서로 잡으려고 뛰어다녔다. 비가 오면 댐을 쌓고 놀았고, 눈이 오면 눈사람을 만들며 놀았다. 우리는 손바닥이 까져도, 무릎이 찢어져도 멈추지 않았다. 해가 지고, 산 아래로 붉은 그림자가 내려앉을 때까지 뛰었다.

어느 날은 너무 늦게까지 놀았다. 집으로 돌아가는 산길은 이미 어둠이었다. 바람이 불고, 흙길이 젖고, 나뭇잎이 사각대며 발밑을 스쳤다. 나는 괜히 겁이 나서 동생에게 말했다.

"빨리 가자. 엄마한테 혼난다."

동생은 숨을 헐떡이며 내 뒤를 따라왔다. 집에 도착했을 땐 난리가 났다. '어디 갔다 왔어!' 어머니는 내 어깨를 붙잡고 흔들었다. 나는 울면서 말했다.

"그냥 놀았어… 늦은 줄 몰랐어…"

지금 생각하면, 그 꾸중도 사랑이었다. 내가 없어질까 봐. 다시는 못 찾을까 봐. 그 걱정이 만든 사랑의 모양이었다. 천막촌이 아무리 거칠어도, 세상이 아무리 무섭게 굴어도 내 어린 시절의 중심에는 항상 가족의 온기가 있었다. 작은 등잔불 아래 모여 먹던 따끈한 국물, 라디오에서 흐르던 희미한 음악, 어머니 손등의 거친 주름,

아버지의 낮고 단단한 숨결. 그 모든 것이 추위보다 더 뜨거운 덮개가 되어 주었다.

하지만 따뜻함만 있었던 것은 아니다. 그 속에는 늘 보이지 않는 불안이 끼어 있었다. 배고픔이 당연한 공기처럼 떠다녔고, 희망은 '언젠가'라는 말로 미뤄지곤 했다. 어른들의 얼굴엔 늘 근심이 묻어 있었고, 밤이 깊을수록 세상의 어둠은 우리 천막 가까이 더 바싹 다가왔다. 그런데도, 이상하게도 지금의 나는 그 시간을 좋아한다. 마음이 아릴 만큼 좋아한다.

그 기억 속 햇살은 생각보다 밝았고, 그때의 미소는 지금보다 더 맑았다. 따뜻함이 있었고, 막막함 속에서도 서로를 지켜내려는 의지가 있었다. 천막촌은 매일 모든 것이 뒤섞여 흘러가는 곳이었다. 가난과 희망, 눈물과 웃음, 불안과 온기. 그 모든 것이 한 골목 안에서 부딪히고 반짝이다 사라졌다. 나는 그곳에서, 어쩌면 내 인생에서 가장 가난했지만 동시에 가장 따뜻한 시간을 살았다. 그때의 냄새. 그때의 소리. 그때의 빛. 아직도 내 안 깊은 곳에서 조용히 숨을 쉬고 있다. 그 숨결이 내 삶의 첫 번째 언어였다는 것을 나는 한참 뒤에야 비로소 깨달았다.

"

밤이 무서웠다.

길은 낯설고, 골목은 숨을 죽이고 있었다.

배는 고팠고, 어디에도 불빛은 없었다.

세상은 내게 아무 말도 하지 않았다.

신문 더미 위에 몸을 웅크렸다.

차가운 종이 냄새가 코를 찔렀다.

새벽마다 나는 신문을 던지며 하루를 버텼다.

"

그 아이는 아직도 내 안에 있다

홍릉의 판자촌

이후 우리는 서울 홍릉 근처로 옮겨갔다. 고려대학교 뒤편, 골목 끝마다 판잣집이 다닥다닥 매달리듯 붙어 있던 곳. 지금은 흔적도 없이 사라졌지만, 그때 그 골목은 늘 쇠붙이 냄새와 젖은 흙냄새가 뒤섞여 있었다. 비가 오면 하수구 냄새가 먼저 올라왔고, 겨울이면 연탄불을 피우는 냄새가 골목을 덮었다. 밤마다 들리던 다투는 소리, 술 취한 아저씨의 비틀거리는 발걸음, 소리 없는 울음 같은 아기의 칭얼거림까지…. 모든 소리가 나의 어린 마음에 조금씩 스며들었다.

나는 열 살 무렵, 홍문초등학교로 전학을 갔다. 교문 앞에 서서 교실을 올려다보던 기억이 아직도 생생하다. 걱정이 앞섰다. 어린 나는 입술을 깨물었다. 그러나 학교에 들어가자마자 그 불안은 금방 사라졌다. 나는 운동을 좋아했다. 달리면 세상이 내 뒤로 밀려 나는 것 같았다. 발바닥이 흙을 박차는 소리, 바람이 귓가를 자르는 감각, 그 모든 것이 나를 자유롭게 해줬다. 달리기 시합만 열리면 나는 반 대표로 나갔다. 출발선에 서면 심장이 쿵쿵 뛰었다. 누군가 뒤에서 "영걸아, 너는 꼭 일등 해야 돼!" 하고 외치면, 나는 그 말 하나로 몸 안에 불이 켜지곤 했다.

축구도 좋아했다. 운동장에서 드리블하면 나와 똑같은 이름을 가진 친구, 동영걸이 달려왔다. 우리는 이름이 같아 아이들이 종종 헷갈렸다.

"야, 패스! 영걸아!"
"야, 영걸!"
"어느 영걸?"

이런 실랑이가 운동장에서 자주 벌어졌다. 그때마다 우리는 킥킥 웃었다. 동영걸은 나보다 공을 더 잘 찼고, 나는 그보다 더 빨랐다. 그래서 우리 둘이 함께 뛰면 늘 환상의 짝꿍처럼 움직였다. 축구공 하나면 하루가 금방 지나갔다. 또 한 친구는 조금 더 멀리, '환자촌'이라고 불리던 마을에서 왔다. 그곳은 사람들이 잘 안 가려는 구역이었다. 어른들은 작은 소리로 말했다.

"저기는… 환자들이 모여 사는 데야. 그 동네 애들이랑 너무 어울리면 안 돼."

함께였던 시절

어린 나는 그 말의 무게를 몰랐다. 그냥 공을 잘 차는 아이로만 그를 기억했다. 그는 누구보다 빠르고, 누구보다 강하게 공을 찼다. 우리는 서로에게 스스럼이 없었다. 두려움도, 차별도, 경계도 몰랐다. 그저 공이 굴러가는 방향으로 달렸을 뿐이다. 그 시절의 나는 이상하리만큼 웃음이 많았다. 아무 걱정이 없었다. 아니, 솔직히 말하면 '걱정이라는 단어 자체'를 몰랐다. 집안 형편은 바닥이었지만, 그게 부끄러울 이유도 없었다. 왜냐하면 모두가 가난했기 때문이다. 그 골목에 사는 아이들은 다들 비슷한 신발을 신고, 비슷하게 무릎이 찢어진 바지를 입고 다녔다. 누군가가 새 운동화를 신고 오면 온 동네가 떠들썩했고, 새 연필을 가지면 서로 한 번만 잡아보자고 애원했다. 어느 날 학교 운동장에서 친구들이 말했다.

"야, 너네 집도 판잣집이지?"
"응."
"우리 집도."
"우리도."

　　　　　　　　　　　　1. 빈자리마다 바람이 불었다

그때의 가난은 비교 대상이 아니었다. 서로를 가르는 기준이 아니었다. 그저 배경이었다. 나는 그게 얼마나 큰 축복인지, 나중에 많이 아팠을 때에야 알았다. 어른이 되고, 왕따를 당하고, 손가락질을 받고, 옆 사람이 일부러 내 위에서 먼지를 뿌리던 그 시절을 지나서야 알았다. 그때는 모든 아이가 같은 눈높이에서 나를 봐줬고, 나는 그 속에서 한 번도 외톨이가 아니었다.

그 시절의 친구들은 나를 있는 그대로 받아줬다. 이름이 같다고 웃어주고, 달리기 잘한다고 어깨를 두드려주고, 공 차다가 넘어지면 흙 털어주고, 해 질 녘이 되면 내일도 같이 놀자고 손을 흔들었다. 해 질 녘 골목길을 혼자 걸어 집으로 돌아갈 때면, 골목마다 밥 냄새가 났다. 연탄 냄새에 섞인 된장 냄새, 빨래 삶는 물 끓는 냄새, 멀리서 들리는 고함과 웃음소리…. 좁고 지저분한 골목이었지만, 그곳에는 살아가는 냄새와 살아 있는 소리가 가득했다.

집 앞 판잣집 문을 열면 어머니의 목소리가 들렸다. 아버지는 신문을 읽거나 연탄불을 고르고 있었다. 여동생은 나를 보고 웃었다. 나는 그 작은 판잣집 안에서, 세상이 전부 내 편인 것처럼 느꼈다. 지금 그때를 떠올리면 이상하게도 슬며시 가슴이 저린다. 따뜻해서 아프고, 단순해서 눈물이 날 만큼 아름다웠다. 그 시절, 나는 가난했지만 단 한 번도 '혼자'였던 적이 없었다. 그 단순한 사실 하나가 내가 이후에 겪은 모든 폭력과 왕따와 오해 속에서도 끝내 부서지지 않게 지탱해 준 힘이었다.

신문팔이 소년

서울의 겨울은 유난히 차가웠다. 그해는 유독 눈이 많이 왔다. 홍릉 뒷골목 판잣집들은 눈이 쌓일수록 더 낮아졌고, 그 얇은 지붕 위에서 얼음이 자라났다. 밤이면 얼음 밑으로 아궁이의 연기가 갇혀 신음하듯 울었다. 골목마다 연탄 냄새와 된장 물 끓는 냄새, 김칫국물 냄새가 뒤엉켜 퍼졌다.

열 살 무렵 홍문초등학교로 전학을 갔지만, 얼마 지나지 않아 학교를 그만두었다. 집안 사정 때문이었다. 겨울이면 모두가 굶주렸다. 배고픔은 하나의 계절이었다. 어느 날 어머니가 조용히 말했다.

"영걸아…. 여기 가면 밥은 먹을 수 있단다."

나는 그 말에서 '밥'이라는 단어단 들렸다. 밥. 흰밥을 마음껏 먹어보는 것이 소원이었던 때였다. 입 하나가 무서운 때이기도 했다. 그렇게 나는 청량리역 근처 신문가관대로 갔다. 거기서 일하면 굶지 않는다고 했다. 작은 가판대 옆에 쌓여 있는 신문 더미 속에서 첫날을 보냈다. 새벽 공기는 바늘처럼 살을 찔렀고, 언 손으로 신문

묶는 끈을 잡으려면 손끝이 잘 떨어지지 않았다. 가판대 주인은 내 이름도 묻지 않았다.

"야, 거기! 신문 묶어라!"

그저 그렇게 불렀다. '야, 거기.' 처음에는 가판대를 지키고, 손님이 오면 신문을 팔았다. 돈을 많이 벌진 못했지만, 적어도 굶지는 않았다. 청량리역 앞에는 늘 사람들이 몰려 있었다. 막일꾼, 노점상, 군용 담요를 두른 노숙자, 술에 취한 군인도 많았다. 잠을 자던 곳은 지하방이었다. 처음 어떻게 그곳으로 가게 되었는지 정확하게 기억나지 않지만, 신문팔이가 끝나고 지칠 대로 지친 몸으로 서울역 뒷골목을 돌아 좁디좁은 골목 끝 이층집 지하실로 내려갔다. 나 같은 신문팔이, 소매치기, 구두닦기 아이들이 뒤엉켜 잠을 자는 좁디좁은 방이었다. 겉으로 보기엔 그럴듯한 이층집이었다. 그 집의 뒤편을 돌아가면 한 사람만 겨우 지나다닐 정도로 좁고 경사가 심한 계단이 나온다. 그 계단을 내려가면 창문 하나 없이 깜깜하고 냄새나는 작은 방이 나타났다. 지금 생각하면 대여섯 명의 아이들이 자는 곳이었지만 한 평 반 정도밖에 되지 않은 방이었던 것 같다. 방 안에 들어가 희미하게 흔들리는 전구를 켜면 방안은 아이들의 벗어놓은 옷가지와 한 번도 치우지 않아서 먼지와 땀 냄새가 배어있는 찢어진 벽지가 보이고 바닥은 더러운 이불 두어 채가 흩어져서 어리디어린 아이들의 몸이 눕혀지기만을 기다렸다.

어둠이 깔리면 서울역 근처로 신문을 팔러 갔다. 그곳에는 나 같은 아이들이 더 많았다. 신문팔이, 넝마주이, 앵벌이, 소매치기…. 아무도 우리를 구분해 주지 않았다. 우리는 서로의 얼굴도 잘 기억하지 못했다. 모두가 비슷했다. 다들 검고 말라 있었고, 눈동자엔 배고픔이 먼저 자리 잡고 있었다. 손에 닿는 건 종이, 먼지, 그리고 나보다 더 어린 그림자들이었다. 우리는 작은 소리에도 눈동자가 빠르게 흔들렸다. 세상은 우리를 '불량아'라 불렀지만, 그 누구도 우리가 어디서 자고 무엇을 먹는지 묻지 않았다.

소년의 죽음

서울역은 늘 매연 냄새로 가득했다. 오토바이에서 뿜어져 나오는 매연, 갈라진 도로 틈에서 새어 나오는 하수구 냄새, 그리고 거리에서 밤을 나는 사람들의 깊은 신음 소리까지 모두가 그 시절 서울의 공기였다. 그 냄새 속에서 나는 자랐다. 아니, '버텼다'고 말하는 게 더 맞다. 우리는 운이 좋으면 오 원짜리 식당에서 밥을 함께 먹기도 했다. 그러나 배고픔은 칼이었다. 속이 비면 눈도 흐려지고, 귀도 막혔다. 심장은 여전히 뛰는데, 머리는 자꾸 멈췄다. 밥 한 끼에 눈물이 맺혔고, 욕 한마디에 하루가 무너졌다. 나는 도망치고 싶었다.

“야, 이리 와봐. 이거 해. 안 하면 오늘 밥 없다.”

그 세계에서 ‘형’이라는 말은 보호자가 아니라 명령자였다. 거절할 수 없었다. 안 하면 두들겨 맞았다. 벗어날 수 있다고 생각하기도 어려웠다. 나를 지키기 위해서는 시키는 대로 해야 했다. 나는 달리기를 잘했다. 도망이 몸에 밴 아이였다. 잡히면 맞았다. 그래서 잡히지 않으려고 뛰었다. 나는 세상을 배우기도 전에 도망치는 법을 먼저 배웠다. 그래서 형들이 나를 먼저 썼다. 앵벌이로, 배달꾼으로, 때론 바람잡이로.

“저기 저 사람 가방 들고 있는 거 보이지? 뛰어가서 빼앗아. 뒤는 우리가 막아줄게.”

그러나 그들은 절대 막아주지 않았다. 그 시절 서울역이나 용산역 근처에는 소매치기가 많았는데, 어린애들끼리 몰려다니면서 보따리 들고 시골에서 올라온 사람들을 노렸다. 그들이 꼭 껴안고 있는 보따리를 훔치기 위해 몇 명이 함께 계획을 짜기도 했다. 아이들이 보따리를 훔치면, 보따리를 잃어버리고 당황하고 망연자실한 시골 사람들에게 일자리를 소개해 준다는 명목으로 ‘형’들은 중국집 같은 식당에 그들을 팔아넘기곤 했다. 실패하면 얻어맞고, 성공하면 밥 한 끼가 돌아왔다. 그게 규칙이었다. 밥을 먹고 싶어서, 나는 죄책감도 모른 채 뛰었다. 아이들의 윤리는 배고픔 앞에서 가장 먼저 무너진다.

어느 날, 그 세계가 얼마나 잔혹한지 똑똑히 알게 되는 순간이 왔다. 신호등이 깜빡이는 새벽, 나와 함께 다니던 동갑내기 아이 하나가 큰형의 지시에 따라 날치기를 하다가 차에 치였다. 내 눈앞에서 벌어진 일이었다. 신호등이 바뀐 순간, 나보다 먼저 뛰어나갔을 뿐이었다. 그 아이는 손에 동전 몇 개를 꽉 쥔 채 쓰러졌다. 바닥에 흩어진 동전들이 차가운 빛을 냈다. 겨울바람이 아이의 머리카락을 흔들었다. 누군가 소리쳤다. 누군가는 도망쳤다. 형들은 욕하며 사라졌다. 나는 얼어붙은 채, 동전이 굴러가는 소리만 들었다. 그 순간, 세상이 달라 보였다. 돈이라는 게 이렇게 무섭구나. 돈이라는 게 이렇게 절실하구나. 돈 때문에 죽을 수도 있구나. 그 어린 마음에 새겨진 충격은 오래 남았다.

밥 한 끼, 잠자리 하나로 사람을 주물럭거리는 세상을 나는 아주 어린 나이에 배웠다. 그때 나는 깨달았다. 형들보다 무서운 것은 돈이라는 것을. 세상은 돈을 중심으로 돌아간다는 것을 그때 돈의 처절한 중요성을 깨달았다. 그 시절 서울의 공기는 배고픔과 외로움, 그리고 끝없는 추위로 이루어져 있었다. 하지만 그 공기 속에서 나는 버티는 법을 배웠다. 도망치는 법을 배웠고, 살아남는 법을 배웠다. 그리고 무엇보다, 그날 죽은 아이의 동전 소리가 지금까지 남아 있다.

위험한 아이들

밤이면 신문 더미 위에 몸을 웅크렸다. 차가운 종이 냄새가 코를 찔렀다. 신문에 실린 세상은 멀고도 낯설었다. 어느 장관이 연설했고, 어디서 불이 났고, 누가 금메달을 땄다고 했다. 그 속에는 우리 같은 애들은 없었다. 아무도 우리가 살아 있다는 걸 몰랐다. 가끔 비가 오면, 신문지는 젖어 무게를 더했다. 그 젖은 종이 아래서 나는 꿈을 꿨다. 학교 종이 울리는 꿈, 도시락 냄새가 나는 꿈. 그러다 깨어나면 입안엔 빗물 맛이 남았다.

어둠은 나를 가르쳤다. 약하면 맞는다. 느리면 잃는다. 의심하지 않으면 죽는다. 세상은 이치를 말하기 전에 본능을 가르쳤다. 누군가가 쫓아오면 본능이 먼저 뛰었다. 어쩌면 그것은 살아 있다는 증거이기도 했다. 도망이 곧 숨이었고, 숨이 곧 내 몸의 언어였다. 배고픔은 칼처럼 날카로웠고, 양심과 자존심은 밥 한 끼에도 잘려 나갔다. 그러나 그 속에서도 이상하게, 나는 살아 있었다. 살아남는 것이 전부였던 시절이었다.

어느 날, 구멍가게에서 빵을 훔쳤다. 손에 쥔 빵의 온기가 오래 남았다. 입안에 퍼지는 달콤함이 슬펐다. 그건 행복의 맛이 아니라, 살아 있다는 증거의 맛이었다. 그 맛이 사라질 때마다, 나는 더 어두워졌다. 사람들은 말했다.

"저 애는 좀 위험해."

그 말은 틀리지 않았다. 나는 두너진 세상에서 다시 무너지지 않기 위해 날을 세우고 있었다. 비 오는 날이면 하수구 냄새가 올라왔다. 그 냄새 속에는 어머니의 숨소리가 섞여 있는 것 같았다. 귀를 막아도 들렸다.

"살아라."

짧은 한마디가 비명처럼 흘렀다. 그러나 나는 그 말을 믿지 못했다. 세상은 살아남은 자에게만 눈길을 주었다. 죽지 않기 위해, 나는 나를 버렸다. 그날의 나는 아직도 그 거리 어딘가에 있다. 비에 젖은 신문 위에서, 눈을 감은 채, 누군가의 발소리를 기다리던 그 아이. 그 아이가 내 내면에 아직도 남아있다.

1. 빈자리마다 바람이 불었다

"
가난은 늘 나보다 먼저 깨어 있었다.

어둠은 길마다 스며 있었고, 숨은 자주 떨렸다.

어머니의 손등엔 오래된 불빛이 남아있었고,

내 손엔 배고픈 하루가 묻어 있었다.

공장의 소음과 시장의 고함이 나의 교과서였다.

연탄 연기 속에서 나는 천천히 자라났고,

공장의 불빛 앞에서 비로소 내 이름을 찾았다.

그 결핍의 시간이 나를 만들었다.
"

긴 결핍의 시간 끝에서

다시 학교로

시간이 흘러, 나는 다시 집으로 돌아왔다. 신문팔이 생활은 일
년 남짓이었다. 어떤 실수 때문인지 쫓겨났다. 아마 주간지를 공짜
로 줘서는 안 되는 사람에게 여러 브를 준 것 때문에 쫓겨난 것 같
다. 집으로 돌아와서 다시 학교에 복학할 수 있었다. 고려대학교 앞
에 있던 홍파초등학교. 복학하던 날 아침, 어머니는 말없이 내 옷을
다려주었다. 남이 물려준 옷은 군청색이었고, 단추는 서로 다른 색이
었다. 어머니는 그 단추들을 가만히 어루만지며 한참을 바라보았다.

바느질하는 손등엔 오래된 화상 자국이 있었고, 그 위로 햇살이
스치듯 내려앉았다. 나는 그 손을 보며, 그동안의 세월이 어머니의
몸에 새겨져 있다는 걸 느꼈다. 학교로 향하는 길, 어머니는 끝까지
따라오지 않았다. 멀찍이 서서 나를 바라보다, 천천히 등을 돌려 골
목으로 사라졌다. 그 뒷모습이 유난히 작고 기울어져 보였다. 나는

그 순간, 마음속에서 무언가가 뚝 끊어지는 소리를 들었다. 돌아서 걸음을 옮기는데, 바람에 실려 달고나 판에서 바늘이 긁히는 소리가 희미하게 들려왔다.

홍파초등학교까지, 나는 매일 그 길을 아침마다 여동생과 함께 걸었다. 학교에 가는 길이 아니라, 그저 몸이 먼저 앞으로 기울어 달려가는 느낌이었다. 그곳은 청량리 뒷길, 고기와 한약 냄새가 섞여 길에 가득 차고 넘쳤다. 학교까지는 한참을 걸어야 했다.

나는 달리기를 잘했다. 바람보다 조금 더 빠르게 발을 땅에서 떼어내는 법을 알고 있었고, 축구공을 향해 발을 내밀 때마다 온 세상이 가벼워지는 기분을 느꼈다. 운동장은 먼지가 자욱했고, 흙먼지가 발목에 날려 붙으면 선생님이 "또 뛰어다니다 왔냐"고 타박했지만, 뛰지 않고는 견딜 수가 없었다. 나에게 달리기와 축구는 숨을 쉬는 것과 비슷했다. 전교 대표로 뽑혀 효창운동장에서 달리기 경기를 했던 날을 아직도 기억한다.

커다란 경기장의 긴장된 공기가 폐 속으로 밀려 들어왔고, 출발 총성 소리에 가슴이 쿵 하고 울렸다. 발밑의 탄력, 가파르게 차오르는 호흡, 몸이 공기 속을 가르는 느낌, 그 순간만큼은 내가 세상에서 가장 가벼운 존재 같았다. 발뒤꿈치가 땅과 부딪히며 만들어 내던 "툭, 툭" 하는 울림이 내 심장과 같은 박자로 뛰었다. 누군가

가 나를 응원하는 소리는 들리지 않았지만, 나는 그날 누구보다
크게 숨을 토해냈다.

축구도 자주 했다. 하지만 어느 순간부터 운동장 한쪽에 앉아 있
는 시간이 늘어났다. 이유는 단순했다. 너무 배고팠다. 공을 쫓아다
니면 금세 배가 고팠고, 속이 뒤틀리고, 현기증이 왔다. 아이들은 뛰
고 웃는데, 나는 그 사이에서 천천히 걸었다. 몸은 여전히 뛰고 싶
어 했지만, 주머니엔 항상 바람만 가득했다. 축구를 그만둔 건 재능
이 없어서가 아니라, 끊임없이 배가 고파서였다. 어린 나이에 '허기'
가 꿈보다 더 무섭다는 걸 알았다.

쓰디쓴 달고나

그 시절, 어머니는 학교 앞에서 달고나 뽑기 장사를 하셨다. 그
시절에도 '자리'는 중요했다. 어머니도 뽑기 장사를 하면서 자리싸
움이 잦았다. 하루는 덩치 큰 아저씨와 싸우는 모습을 보기도 했다.
장사하는 것도 어려웠지만, 자리를 잡는 것도 쉽지 않았다. 그래도
어머니는 잘 이겨내고 뽑기 장사를 이어가셨다. 뽑기는 아이들에게
간식도 되었지만, 즐거운 게임과도 같았다. 작은 휴대용 화덕 위에
깡통 냄비를 올려놓고, 설탕과 소다를 섞어 누런 거품이 올라오면
재빨리 국자를 돌려 평평한 판 위에 부었다. 지글지글 끓던 설탕물

이 금세 식으면 어머니는 그 위에 별, 우산, 동그라미, 세모 같은 틀을 꾹 눌렀다. 틀을 빼내면 그 모양대로 얇게 홈이 파였고, 아이들은 그 모양을 깨지지 않게 도려내야 했다.

"자, 잘해봐라. 별 모양 뽑으면 두 개 준다."

어머니는 그렇게 말했다. 아이들은 숨을 죽이며 침을 묻혔고, 몇몇 아이들은 바늘을 들었다. 달고나는 금세 부서져 버리는 취급이 까다로운 간식이었고, 조금만 힘을 잘못 주면 '딱'하고 부러지는 소리가 났다. 바늘 끝이 달고나의 결을 따라 서걱서걱 긁히는 소리. 입안에서 설탕이 녹듯 고소한 냄새. 주머니 속에서 동전 굴러가는 소리. 그 모든 게 혼합된 것이 1960년대 말 거리의 오후였다. 아이들 중 누구 하나가 성공해서 별 모양을 온전하게 들어 올리면 그 순간 어머니의 얼굴에도 잠깐 미소가 스쳤다. 하지만 그 미소는 금세 지워졌다.

해가 지고 바람이 차지면 어머니의 눈가에는 피로가 거미줄처럼 번졌다. 장사가 끝나면 어머니는 판 위에 남아 붙은 설탕 찌꺼기를 긁어내고 그걸 다시 국자로 긁어모았다. 벌레가 달려들지 않게 조심하며 다음 날 팔 달고나의 재료로 보태기 위함이었다. 어머니의 하루는 끓고 굳고 부서지는 달고나처럼 달콤한 순간과 갑작스러운 깨짐이 뒤섞여 있었다. 나는 그 모습을 지켜보며 생각했다. '이게 사는 거구나.' 불완전한 모양도 금세 깨져버리는 별 모양도 달고 나처럼 얇고 흔들리는 삶도— 어거니는 끝까지 손에서 놓지 않았다. 그 손끝에서 하루가 시작되고, 또 그렇게 끝났다.

'식구'가 늘다

어느 날 아버지는 세 명의 먼 친척을 데리고 왔다. 나보다 한 살 많은 누나, 두 살 어린 남동생, 그리고 네다섯 살 더 어린 동생. 그들은 낯선 표정으로 나를 바라보고 있었다. 세 명 모두 바람을 등지고 서 있었는데, 내가 다가가자 그들의 눈빛이 일제히 나를 향했다. 가장 먼저 눈에 들어온 건 경계였다. 누나는 입술을 굳게 다물고 있었고, 남동생은 무표정한 얼굴로 나를 위아래로 훑었다. 그리고 가장 어린아이—작은 몸에 지나치게 날카로운 눈을 가진 아이—가 내 얼굴을 뚫어져라 노려보았다. 그 눈빛은 아이답지 않았다. 어린데도 날 선, 이유를 알 수 없는 적의가 들어 있었다.

"이제부터 같이 산다."

아버지의 한마디였다. 어머니는 깊게 숨을 내쉬었다. 숨을 삼키듯 내쉰 한숨. 어머니는 아무 말도 하지 못한 채 부엌 쪽으로 돌아섰다. 그 뒷모습이 유난히 작아 보였다. 좁은 집에서 영문도 모른

  1. 빈자리마다 바람이 불었다

채로, 먼 친척 세 명과 함께 살게 되었다. 나는 그들을 뭐라고 부를 지도 모른 채 어색한 미소를 지었다. 낯설었다. 밥그릇이 늘었고, 숨소리도 늘었다. 나만 그렇게 느낀 것은 아니었다. 우리 집으로 온 먼 친척 중 누군가 불만의 목소리를 내었다.

"이제 식구다. 식구면 서로 감수하는 거지."

아버지 말 한마디에 누구도 더는 대꾸하지 못했다. 나는 식구라는 단어가 이상하게 무겁게 들렸다. 마치 입안에서 돌멩이가 굴러가는 느낌이었다. 밤이면 좁은 방 안이 가득 찼다. 나는 동생을 데리고 다락으로 올라갔다. 부실한 널빤지가 올려진 좁은 곳에 동생과 함께 누웠다. 바로 아래 작은 방 안에서 여섯 개의 몸이 서로 기대고 겹치고 밀렸다. 누군가의 팔이 누군가의 얼굴을 덮고, 누군가의 발이 누군가의 다리 위에 얹혔다. 숨을 쉬면, 다른 이의 체온이 들이마셔졌다. 그러나 이상하게도, 그 온기 속에 나는 더 고립되었다. 같은 지붕 아래 있으나, 누구도 서로의 눈을 오래 마주치지 않았다. 숨소리도 늘었고, 밥그릇도 늘었지만 기묘하게, 나는 더 외로워졌다.

마장동, 검은 연기의 거리

학교는 멀었다. 나는 여전히 홍릉 근처 학교에 다녔다. 새벽보다 일찍 일어나 자전거 페달을 밟았다. 하늘은 늘 어둑했고, 바람은 매캐했다. 연탄 굴뚝에서 나온 매캐한 연기와 숯 냄새가 내 호흡에 그대로 달라붙었다. 그 긴 길을 매일 지나야 했다. 자전거 체인이 삐걱거리면 그 소리가 온몸의 관절까지 삐걱거리는 것 같았다. 길목엔 늘 시장의 소음이 흩어져 있었다. 닭을 잡는 칼이 도마를 치는 퍽 하는 소리, 고무신 깁는 장인의 손끝이 내는 치익 치익 소리, 막걸리에 취한 사내들이 욕설을 섞어 뱉는 둔탁한 목소리. 내 기억 속의 청량리 시장은 항상 '저녁'이었다. 아침이어도, 낮이어도, 그곳에는 해가 지고 있었다.

넝마주이들이 모여 앉은 골목은 더 어두웠다. 누군가는 천 조각을 들고 흥정하고 있었고, 누군가는 쓰레기 더미에서 구두짝을 골라내고 있었다. 그들의 눈빛은 해진 외투보다 더 누렇게 바래 있었다. 삶의 온기가 빠져나간 자리처럼 깊고 쓸쓸했다. 나는 그 골목 앞만 지나면 본능처럼 숨이 막혔다. 바람이 불어오면 썩은 과일 냄새부터 오래된 술 냄새, 쇳내가 콧속을 찔렀다. 자전거를 타고 지나치며 시선을 바닥으로 내리깔았다. 그러나 동시에 눈을 떼지 못했다. 오래된 천막 안에서는 어른들의 싸움이 자주 벌어졌고, 아이 하나가 울면 누군가의 손이 번개처럼 내리쳤다. 비명과 울음이 뒤엉

　　　　　　　　　　　　　　　1. 빈자리마다 바람이 불었다

킨 그 순간들 속에서 나는 언젠가 이곳을 벗어날 수 있을지 잠깐 숨이 멎었다. 무서웠다. 세상은 이렇게 어두운 골목 어딘가에서, 누구도 돌보지 않는 아이 하나로 쉽게 내던져질 수 있다는 사실을 그때 나는 어렴풋이 배웠다.

그 무렵, 학교를 마치고 집으로 오면 매일 물지게를 지고 물을 길러 와야만 했다. 그리고 아버지를 도와 땅콩을 팔았다. 동생들과 함께 아이스케이크도 팔았다. 그건 부모가 시킨 게 아니라, 그저 주변 아이들을 따라 자연스럽게 하게 된 일이었다. 나무 상자 안에 얼음을 넣고 "아이스께끼요!" 하고 외치며 골목을 다녔다.

"하나 사요, 하나만요. 아이스께끼요."

목이 쉬면 침을 삼키고, 침도 안 나오면 입술을 혀로 적셨다. 동전은 차가웠고 손바닥은 푸석했다. 돈이 들어와도 기쁨보다 묘한 허기가 먼저 찾아왔다. 팔지 못한 건 다 녹아버렸고, 남는 돈은 아이스크림 몇 개 사 먹을 정도였다. 그 시절엔 놀면서도 책임감이 있었다. 막냇동생이 또래들과 싸움하면 나는 형으로서 나서서 싸움을 대신했다. 그때부터였을까. '악착같이 버티는 법'을 몸으로 익혔다.

나보다 한 살 많은 친척 누나는 이미 세상의 이면을 알고 있었다. 열네 살 얼굴에 스무 살의 그늘이 드리워져 있었다. 아이 같지도, 어른 같지도 않게 양쪽 끝을 모두 손으로 붙잡고 버티는 얼굴. 어느 날부터인가 그녀는 집에 들어오지 않았다. 아무 말도 없이 그냥 사라졌다. 며칠 뒤, 동네 어른들이 수군거렸다.

"남자랑 산대."

나는 그 말의 뜻을 몰랐다. 다만, 누나가 돌아오지 않는다는 사실이 서늘했다. 그녀가 쓰던 빗과 손수건이 그대로 남아있었고, 그것들이 희미하게 그녀의 냄새를 품고 있었다. 나는 그 냄새를 맡으며 이상하게 눈물이 났다. 세상은 누나에게도, 나에게도 너무 빠르게 다가왔다.

삶이라는 단어의 무게

밤이면 연탄 공장 굴뚝에서 불빛이 새어 나왔다. 불길처럼 치솟는 연기 속에서 나는 우리 가족이 어디로 흘러가는지 알 수 없었다. 형제들은 각자 다른 표정을 하고 있었고, 어머니는 하루하루 다른 얼굴로 돌아왔다. 하루는 웃고, 하루는 침묵했다. 그 침묵이 가장 두려웠다. 나는 자전거를 타고 학교를 오갔다. 그러나 더 이상 공부에 마음이 가지 않았다. 칠판 위의 글씨는 흐릿했고, 내 머릿속에는 장사와 생계의 계산이 먼저였다. 얼마를 팔아야 저녁을 먹을 수 있을까,

오늘은 몇 시간만 자면 될까? 숫자들이 생각 속에서 흘러 다녔다.

　그러던 어느 날, 어머니가 갑자기 사라졌다. 별다른 예고도, 말 한마디도 없었다. 아침까지 밥을 차려주던 어머니가 저녁이 되어도 돌아오지 않았다. 그날 밤, 공장 굴뚝의 불빛이 유난히 붉었다. 나는 마치 그 불빛이 어머니의 얼굴처럼 느껴져 그 앞에서 한참을 서 있었다. 바람에 섞여 올라가는 연기 속으로 어머니의 그림자가 천천히 녹아 사라지는 것만 같았다.

　그때 나는 열두 살 무렵이었다. 세상을 이해하기엔 너무 어렸고, 세상에 맞서기엔 너무 약했다. 어머니가 떠난 이유를 누구도 설명해 주지 않았다. 아마도 함께 살게 된 먼 친척들을 돌보느라 많이 지치셨던 모양이다. 늘 일을 도맡아 하면서도, 집안에서 제일 마지막에 밥을 드시던 분이었다. 그런 어머니가 얼마나 외로웠을까. 그때는 몰랐다. 나는 단지, '왜 나만 남겨두고 갔을까?' 그 생각만으로 며칠을 울었다. 그 후로의 기억은 이상하리만큼 희미하다.

　어머니와 함께 보낸 특별한 추억은 거의 없다. 그분은 늘 일터에 계셨고, 나는 늘 거리나 학교에 있었다. 가난은 우리 사이를 갈라놓았다. 먹고살기 힘들었기 때문이었다. 어머니는 늘 바빴고, 나는 늘 배가 고팠다. 서로의 눈을 마주칠 시간보다 연탄불을 피우고, 장사를 나가고, 하루를 버티는 일이 먼저였다.

어머니가 떠난 후에도 아버지는 나를 돌보지 않았다. 아버지는 먼 친척들을 데리고 어디론가 가셨다. 한참을 돌아오지 않았다. 며칠이 지나, 어쩌다 한 번 집에 들렀을 뿐이다. 집에는 동생 둘과 나만 남았다. 나는 어느새 가족 중 가장 먼저 일어나 물길을 트고, 불을 지피고, 어른이 해야 할 일을 했다. 어린 몸으로 하루를 견디는 일은 노동보다, 외로움보다 더 무거웠다. 그 무게는 나를 빠르게 늙게 만들었다. 밤마다 공장 굴뚝에서 새어 나오는 불빛이 이상하게도 나를 붙잡았다. 그 불빛 아래에서 나는 매일 어머니를 기다렸다. 어머니가 다시 돌아와 내 이름을 부를 것 같았다. 그러나 그날 이후 그 집에서, 당신의 발걸음 소리는 다시 들을 수 없었다. 그 불빛만이 남았다. 바람이 불 때마다 흔들리는 그 빛이, 그때의 나에겐 세상의 마지막 온기였다.

결국 6학년 때 육성회비를 단 한 번만 내고 그 후로는 내지 못했다. 졸업을 앞뒀지만, 육성회비를 낼 돈이 없었다. 졸업식 날, 나는 학교에 가지 않았다. 창밖으로 들려오는 축하 노래를 들으며, 나는 신문 더미에 앉아 손가락으로 먼지를 털었다. 기술 중학교에 가고 싶었지만, 그럴 수조차 없었다. 그게 내 학업의 끝이었고, 세상으로의 첫걸음이었다.

검고, 뜨겁고, 무겁고, 쉽게 사라지지 않는 냄새. 그 냄새가 지금도 내 코끝 어딘가에 남아있다. 나는 그 시절을 생각하면 한없이 길

   1. 빈자리마다 바람이 불었다

고, 매운 시간이었다고 느낀다. 그 모든 혼란 속에서 나는 '가족'이
라는 단어를 처음으로 의심했고, '삶'이라는 단어의 무게를 처음으
로 알았다. 그리고 그 무게는 아직도 내 어깨 위에 있다. 그때의 나
는 몰랐다. 그 모든 결핍과 어둠이 언젠가 나를 세우는 뼈대가 될
줄은. 밤마다 신문 더미 위에서 떨던 그 소년은, 아직도 내 안에서
조용히 숨 쉬고 있다. 그 아이가 없었다면, 지금의 나도 없었을 것
이다.

2화

발붙일 곳 없는 삶의 기울기

"

나는 늘 떠도는 몸이었다.

멈추면 사라질 것 같아, 어디에든 서둘러 몸을 기대었다.

기계의 소음이 내 심장보다 먼저 뛰었고,

불꽃의 냄새가 나를 키웠다.

어머니는 늘 나타났다가 사라졌다.

그 빈자리마다 바람이 불었고,

나는 그 바람을 타고 또 다른 길로 떠났다.

어둠 속에서도 오토바이의 엔진은 뛰었다.

달릴 때마다 세상이 조금은 멀어졌다.

가난도, 불안도, 고독도.

"

자전거에서 오토바이로

자전거포 견습생과 첫 번째 월급

중학교에는 가지 못했다. 졸업식 날, 친구들이 교복을 맞추러 다닐 때 나는 새 일터를 찾고 있었다. 세상은 언제나 빠르게 나를 끌고 갔다. 공부 대신 일, 교실 대신 기름 냄새, 그게 나의 선택이 아니라, 나에게 주어진 방향이었다. 아버지가 아는 자전거포에 들어갔다. 그 집의 골방 한쪽에 자리를 주었다. 작은 창문 하나, 삐걱대는 철문, 낮에도 어두운 방. 나는 그곳에서 먹고 자며 일했다. 내 몫의 월급은 없었다. 밥과 잠자리, 그것이 대가였다. 처음엔 그게 당연한 줄 알았다. 살아남는 게 우선이었다.

아침마다 타이어 냄새와 쇠붙이의 기름 냄새가 섞여 코를 찔렀다. 나는 심부름을 했다. 못을 사고, 먹거리를 사고, 타이어에 바람을 넣었다. 다른 아이들은 수업 종이 울릴 때마다 책상에 앉았겠지만, 나는 펌프를 돌렸다. 그 손잡이를 밀고 당길 때마다 세상이 내 앞에서 작게 숨 쉬는 것 같았다. 옆 가게는 오토바이 센터였다. 그곳에 또래 아이가 기술을 배우고 있었다. 작업복을 입은 그의 손끝에서 불꽃이 튀면, 나는 그 불빛을 부러워하며 바라봤다. 내 손은 언제쯤 그렇게 무언가를 만들 수 있을까. 그때까지 나는 누군가의 손짓에 따라 움직이는 존재였다. 주인의 말이 곧 세상의 명령이었고, 나는 묵묵히 고개를 숙였다. 어느 날, 용산 쪽에서 배달하던 친구가 나를 불렀다.

"야, 우리 가게로 와. 거긴 월급 준다."

그 한마디가 내 인생을 옮겼다. 그리하여 나는 또 다른 자전거포로 옮겨갔다. 거기서 처음으로 '월급'을 받았다. 손에 쥔 지폐는 낯설었다. 땀 냄새가 묻은 종이 한 장이 내 존재를 처음으로 증명해 주는 것 같았다. 그때 처음 '기술'이라는 단어를 들었다. 볼트 하나를 조이고, 체인 하나를 맞추는 일이 그저 일상이 아니라, 배움이 될 수 있다는 걸 알았다. 쇠와 기름, 바람과 땀 사이에서 세상이 내 손끝에 연결되어 있었다. 손이 느끼는 감각이 곧 지식이 되었고, 그 지식이 내 안에 불을 피웠다. 밤에는 가게 안에서 잤다. 자전거들이 내 주위를 둘러싸고 서 있었다. 철의 냄새, 녹슨 바퀴의 그림자, 그 속에서 나는 이상하게도 안도했다. 기계들은 말이 없었지만, 나보다 성실했다. 나는 그들의 숨소리에 귀를 기울였다. 볼트를 조이고, 체인을 맞추며, 내 안의 공허한 구멍이 조금씩 메워졌다. 월급을 받

  2. 발붙일 곳 없는 삶의 기울기

자, 주인 할머니가 말했다.

"이제 계(契) 들자."

나는 잘 몰랐지만, 어른들의 세계로 들어서는 통로 같았다. 월급의 대부분을 계에 넣고, 남은 돈으로 간신히 밥을 사 먹었다. 그래도 마음은 부자가 된 듯했다. 그 옆에는 쌀가게가 있었고, 쌀가게 배달을 하는 또래 친구들과 명동까지 걸어가곤 했다. 명동의 불빛은 다른 세상 같았다. 번쩍이는 간판, 외국 음악, 군복을 입은 미군들, 그리고 그사이를 헤매는 우리 같은 아이들. 우리는 그 거리를 걷기만 해도 세상을 가진 것 같았다. 그 무렵, 나는 곗돈으로 약 이십만 원을 손에 쥐었다. 평생 본 적 없는 큰돈이었다. 그 돈을 손바닥에 올려놓았을 때, 세상이 갑자기 밝아지는 느낌이 들었다. 하지만 오래가지 않았다. 가게가 문을 닫았고, 그 돈은 생활비로 사라졌다. 남은 것은 빈손과 일이라는 습관뿐이었다. 그런데도 이상하게 후회되지 않았다. 그때의 나는 이키 알고 있었다. 무언가를 잃는 게 인생의 기본값이라는 걸.

이후 나는 친척이 하는 연탄보일러 공장으로 옮겼다. 거기서 처음으로 용접을 배웠다. 폭발성이 심한 카바이드 용접. 불꽃이 번쩍이고, 쇳가루가 허공을 날았다. 불의 냄새는 매웠지만, 매혹적이었다. 나는 사장이 없을 때 몰래 이것저것 고쳐보았다. 기계를 완전히 분해했다가 다시 조립했다. 내 손은 서툴렀지만, 눈빛은 예리했다. 쇠가 녹고, 붙고, 다시 형태를 되찾는 그 과정이 마치 내 인생 같았다. 몇 번은 폭발 직전까지 갔다. 톱길이 귓가를 스쳤고, 살갗이 그을리고, 눈썹이 타들었다. 그러나 두렵지 않았다. 그 불꽃 속에는 살아 있다는 실감이 났다. 쇳덩이가 불에 녹아 새로운 형태로 태어나듯, 나도 그렇게 다시 만들어지고 있었다. 그날, 나는 불빛 아래서 혼잣말처럼 중얼거렸다.

"이게 내 일이다."

누구도 시키지 않았지만, 나는 그 말을 믿었다. 손끝에서 세상이 바뀌는 감각, 그건 나에게 신앙과도 같은 것이었다. 불꽃은 위험했지만, 아름다웠다. 세상의 모든 탄생은 그렇게 위험한 온도에서 이루어진다는 걸 그때 처음 배웠다. 돌이켜보면 내 어린 시절은 '없음'의 연속이었다. 집이 없었고, 돈이 없었고, 배움의 기회도 없었다. 그러나 그 없음 속에서 나는 일을 배웠고, 사람을 배웠고, 세상을 배웠다. 결핍은 내 스승이었고, 노동은 내 교과서였다. 그리고 그 긴 결핍의 시간 끝에서, 나는 알았다. 손으로 무언가를 고치고, 다시 움직이게 만드는 일—그것이 나의 존재 이유였다. 불빛 아래에서, 쇳가루가 날리던 그 공장 한구석에서, 나는 비로소 나 자신을 처음으로 발견했다.

편물 공장

그즈음, 외삼촌이 새로운 공장을 소개해 주었다. 외삼촌이 나를 찾아왔다. 오랜만이었다. 그저 "같이 가자"라는 한마디뿐이었다. 나는 짐을 싸지 않았다. 싸 들고 갈 것도 없었다. 그렇게 도착한 곳은 편물 공장이었다. 사람들은 일본식으로 '요코'라고 불렀다. 기계가 늘어선 좁은 방 안, 천장에는 하얀 실 먼지가 눈처럼 쌓여 있었다. 기계의 바늘들이 동시에 움직일 때마다 공기 전체가 떨렸다. 나는 숙련공들 사이에서 그들을 돕는 일을 했다. 일명 시다였다. 나는 누나들이 일하는 속도에 맞춰서 실을 감고, 틀을 걸고, 돌아가는 바퀴를 지켜보았다. 그 바퀴의 끝없는 회전이 내 인생의 속도 같았다. 멈추면 죽을 것 같은, 그런 속도.

실 먼지는 눈과 코를 파고들었다. 밤에는 일하는 방 그 장소에서 그대로 잤다. 잠자는 곳이 따로 있을 수 없었다. 잘 때도 귀 안에서 기계 소리가 계속 울렸다. 귓속까지 공장 소음이 박혀서 잠들어도, 꿈속에서도 기계가 돌아갔다. 그러나 매일 아침 가볍게 일어났고 비교적 즐겁게 일했다. 왜냐하면 난 눈치가 매우 빨랐고 덕분에 누나들은 일을 손쉽게 할 수 있었기 때문이었다. 일을 멈출 수 없었다. 계속 기계가 돌아가야 했기 때문이었다. 고된 노동에 비해 월급은 일만 일천 원 정도로 적었다. 다른 친구 중엔 일만 팔천 원을 받는 친구도 있었다. 그나마 적은 월급도 제 때 주는 일이 흔치 않았다.

“밥 주고 재워주면 됐지, 뭘 더 바라냐”

사장의 말은 늘 그랬다. 공장 안에는 나 같은 아이들이 많았다. 열다섯, 열여섯, 어떤 아이는 열셋이었다. 모두 말이 없었다. 손만 빠르게, 눈만 아래로. 그 속에서 나는 ‘일’이 무엇인지 몸으로 배웠다. 그건 생존의 다른 이름이었다. 새벽마다 제일 먼저 일어나, 일하는 사람들을 위해 공장을 청소해야 했다. 겨울이면 연탄가스 냄새가 공장 안을 가득 채웠다. 머리가 아프고, 속이 울렁거렸다. 그곳에서 나는 삼 년을 살았다. 계절이 바뀌는 것도, 내 생일이 지나가는 것도 몰랐다. 공장은 시계에 맞춰 운영되었지만, 시간의 개념은 없는 세계였다. 낮도 밤도, 사람도 기계처럼 돌아갔다. 나도 그 일부가 되어 있었다. 살아 있다는 감각보다, 단지 멈추지 않는다는 사실만이 내 존재를 증명했다. 그렇게 또 시간이 흘렀다.

어느 날, 어머니가 왔다. 외삼촌과 함께. 아무 말도 없이, 그냥 흔적 하나 남기지 않고 떠났다가 다시 조용히 내 앞에 와 있었다. 나는 묻지 않았다. 나는 멍하니 서 있었다.

“잘 있었냐?”

그 말 한마디에 가슴이 터질 것 같았다. 어머니는 내 손을 잡고 크림빵과 용돈을 쥐어 주었다. 그날 밤, 기계 소리는 유난히 더 크

    2. 발붙일 곳 없는 삶의 기울기

게 들렸다. 마치 나 대신 울고 있는 것 같았다. 난 무덤덤하게 엄마를 맞이했지만 내 마음은 그렇지 않았나 보다. 그날의 기억은 오래 남았다. 어머니는 다시 떠났고, 나는 또 혼자가 되었다. 세상은 늘 그렇게 나를 남겨두었다. 그럼에도, 나는 일을 멈출 수 없었다. 돌아가는 틀을 바라보며 생각했다. 이제는 나도 저 기계처럼 멈추는 법을 잊어야 한다고. 그 후 나는 종종 외삼촌 집을 찾아갔다. 아마도, 어머니의 흔적을 찾고 싶었던 것이리라.

내 심장처럼 뛰는 엔진

다시 서울로 돌아왔을 때, 나는 이미 여러 곳을 떠돌다 지쳐 있었다. 먹고 자는 곳이 제각각이었고, 어디에 몸을 눕든 그것이 '집'이 되는 시절이었다. 세상은 늘 나를 한 군데에 오래 붙잡아두지 않았다. 그러다 당숙—어머니 쪽 먼 친척이라는 사람—이 운영하는 프레스 용접 공장으로 가게 됐다. 공장은 금속과 불꽃이 뒤섞인 작은 지옥 같았다. 철판을 눌러 찍어내는 프레스 기계가 '쾅, 쾅' 하는 소리를 종일 심장처럼 울려댔다. 쇳가루가 허공을 떠다니며 햇빛을 흐리게 했고, 쇳덩이는 매 순간 뜨거워졌다가 식기를 반복했다. 그 냄새는 숨을 막을 정도로 무거웠지만, 이상하게도 나에게는 익숙한 냄새였다. 나도 이미 그런 냄새가 밴 인간이었으니까.

원래 공장에는 기술자가 있었다. 전기 용접과 프레스를 다루고, 기계의 숨소리를 듣고, 녹은 쇠의 흐름을 읽을 줄 아는 사람이었다. 하지만 그는 갑자기 일을 그만두었다. 나는 그 빈자리를 자연스럽게 메꾸게 되었다. 가르침도, 설명도 없었다. 그냥 "네가 해야지"라고 말했다. 그때 나는 스무 살도 되지 않았다. 그런데 기계 수십 대와 작업물의 진척, 철판 수급과 납기 일정까지 모든 것을 혼자 떠안아야 했다. 형이라 불렀던 당숙은 일감을 따라 밖으로 떠돌기 일쑤였고 공장 안에는 늘 나 혼자 남겨졌다.

온종일 불꽃을 튀기고, 밤이 되면 연탄을 갈아 넣으며 기계를 냉각시키고, 다음 날 새벽이면 또다시 철판을 옮기는 생활. 하루가 어디서 시작해 어디서 끝나는지 모를 끝없는 순환 속에 갇힌 느낌이었다. 월급은 없다고 해도 되는 수준이었다. 주면 운 좋은 날, 못 받으면 그게 당연한 날이었다. 돈이 없는 이유는 늘 같았다.

"요즘 경기가 안 좋아서."
"납품이 밀려서."
"일감이 끊겨서."

늘 변명은 차고 넘쳤는데, 내 손에 쥐어지는 돈은 거의 없었다. 아이처럼 보이던 몇몇 어린 친구들은 이 악착같은 노동 속에서 버티지 못하고 며칠 못 채우고 도망치듯 사라졌다. 그러고 나면 그들

  2. 발붙일 곳 없는 삶의 기울기

의 몫까지 나에게 넘어왔다. 철판 무게가 두 배가 되었고, 야간작업이 세 배가 되었고, 몸은 네 배로 피곤해졌다. 그런데도 나는 그만둘 수 없었다. 다른 선택지가 없다는 걸 이미 너무 어린 나이에 알아버렸기 때문이다.

기계 불빛 아래에서 나는 조금씩 '어른'으로 굳어졌다. 움푹 들어가는 철판의 굽힘, 용접봉이 타들어 갈 때 나는 청색의 불빛, 급하게 식히지 못해 휘어지는 쇠의 비명. 그 모든 것이 나의 일과, 나의 하루와, 나의 생존이 되었다.

공장 옆에는 밤마다 기름 냄새와 엔진 소리가 섞여 있었다. 쇳가루가 바람에 흩날리고, 불꽃이 번쩍이는 어둠 속에서 젊은 남자들이 오토바이를 탔다. 빨간색, 검은색, 크롬이 반짝이는 기름칠 된 강철 덩어리. 그들이 달려 나가면 공기가 갈라지고, 그 뒤를 따라 먼지가 일었다. 나는 그들을 멀찍이 서서 바라봤다. 그들은 자유였다. 하루종일 기계에 갇혀 쇠를 붙이고, 연탄가스 냄새에 취해 살던 내게 그들의 질주는 하나의 다른 세계처럼 느껴졌다. 오토바이에 여자를 태우고, 불빛이 깜빡이는 거리로 사라지는 그들의 뒷모습. 그때 나는 생각했다. '나도 저 위에 올라타야 한다.'

공장에 있던 작은 오토바이를 만지기 시작했다. 쇳가루 묻은 손으로 핸들을 잡고, 시동을 걸면 온몸이 떨렸다. 처음엔 공포였다. 브레이크가 말을 듣지 않아 담벼락에 부딪히고, 급커브에서 바퀴가 미끄러지며 몸이 날아가기도 했다. 죽을 뻔한 게 한두 번이 아니었다. 그러나 이상하게, 그 두려움 속에서 살아 있다는 감각이 피어올랐다. 불빛이 깜박이고, 엔진이 내 심장처럼 뛰었다. 세상에서 유일하게 내가 움직임의 중심이 되는 순간이었다.

돈은 없었지만 바람은 있었다. 밤이면 공장 사람들에게 말했다. "어디 가자." 그럼 낡은 오토바이에 몸을 실었다. 기름 냄새가 옷에 배어들고, 바람이 얼굴을 후려쳤다. 달릴 때마다 세상이 조금은 멀어졌다. 가난도, 불안도, 고독도 오토바이 속도 속으로, 잠시 뒤로 밀려 났다. 열아홉 살 무렵이었다. 나는 오토바이를 몰며 일했다. 돈은 많지 않았지만, 속이 트였다. 기계와 바람 사이에서만 숨이 쉬어졌다.

"

유치장의 눅눅한 어둠 속에서

세상이 나를 지우는 소리를 들었다.

세상은 나를 쉽게 밀어냈지만,

그럼에도 나는 계속 움직였다.

멈추면 사라질 것 같아서.

살아 있다는 증거는 오직 한 걸음 더 내딛는 일뿐이었다.

그러다 바다를 만났다.

기차에서 처음 본 바다는 끝이 없었다.

흙빛만 보며 자라던 내게

그 푸른색은 살아 있다는 증거처럼 밀려왔다.

"

그 바다의 끝에서

취조

　당시 면목동 둑방 길에는 버스를 개조한 숙소가 있었다. 버스는 강바람에 삐걱거렸다. 엔진은 없는데도 오래된 철심이 안쪽에서 계속 떨리는 듯했다. 나는 그 속에서 먹고 자며 일했다. 버스 창문엔 먼지가 눌어붙어 흐릿했고, 밤이면 불빛이 밖에서 안으로 번져 강 저편 공장의 기계 소리가 미세하게 진동했다. 친척이라는 이유로 나는 자연스럽게 '책임자' 같은 위치에 서 있었다. 일을 시키고, 잔업을 챙기고, 작은 사고가 나면 대신 꾸중을 들어야 했다 스무 살도 채 안 된 손이었지만, 사람들은 내가 무슨 대단한 어른인 것처럼 대해주곤 했다. 그러나 그건 '권한'이 아니라 '표적'이 되는 자리였다.

　어느 날 오전, 용접봉이 반쯤 타들어 간 시점이었다. 철판의 열기가 손바닥에 눌어붙으며 뜨겁게 파고들었다. 그때 경찰 둘이 작업장 안으로 걸어 들어왔다. 작업장 바닥의 쇳가루가 그들의 신발

밑창에 으스러져 사각사각 소리를 냈다. 그리고 내 팔을 잡아끌었다. 말 한마디도 없이.

"너지?"

짧았다. 이미 대답은 정해져 있다는 투였다. 나는 장갑을 벗을 틈도 없이 경찰서까지 끌려갔다. 쇠 파이프처럼 단단한 손이 팔뚝을 죄고 있었다. 내가 아니라고 중얼대자, 뒤에서 누군가 비웃었다. 그 비웃음은 이미 그들의 판결이 내려졌다는 신호였다. 유치장 안은 눅눅했다. 바닥에 고여 있는 물웅덩이 근처에서 곰팡내가 올라왔다. 벽에는 누가 세어놓은 건지 모를 표시들이 있었다. 한 칸, 두 칸, 열두 칸, 그 칸마다 어떤 얼굴들이 있었을까. 취조는 금방 시작됐다. 책상 위에 놓인 조명등이 내 얼굴을 향해 기울어졌다. 아무 표정 없는 손이 내 턱을 위로 젖혔다. 그 손에는 감정이 없었고, 그 무표정이 오히려 더 무서웠다.

"길거리에서 훔쳤다며, 그 버릇 또 나온 거 아냐?"

말이 끝나기도 전에 주먹이 날아왔다. 밤에 길에서 누가 나를 밀친 것처럼 갑작스럽고, 무심하고, 정확했다. 입안에서 피가 번졌다. 쇠 맛이 혀를 적셨다. 그들은 내가 아니라고 말할수록 내 말을 지우기라도 하듯 더 강하게 때렸다. 신발 코가 정강이를 찼고, 손바닥이 뺨을 휘갈겼다. 그리고 그들의 펜 끝은 내가 하지도 않은 말을 조서에 적어 내려갔다. 그 펜 소리가 이상하게 차갑게 들렸다. 마치 금속이 유리 위를 긁는 듯한 소리였다. 무엇이 어떻게 적히고 있는지 알 수 없었지만, 그 펜이 내 삶을 전혀 다른 방향을 이끌고 가고 있다는 것만은 확실하게 느낄 수 있었다. 내가 아니라는 것을 증명해야 했지만, 무엇으로 증명할 수 있단 말인가? 하지 않은 일을 증명하는 것은 너무나도 어려운 일이었다.

세상이 나를 함부로 판단하지 않도록

며칠 동안 햇빛이 들어오지 않았다. 창문 없는 방이었고, 공기는 썩은 생선처럼 오래되어 무거웠다. 나는 벽에 등을 붙이고 앉아 하루 내내 문틈만 바라봤다. 누가 올까? 기대해서가 아니라, 세상이 완전히 사라지지 않았다는 걸 확인하고 싶어서였다. 아무도 오지 않았다. 당숙도, 아버지도, 이름이라도 불러줄 사람도. 침묵이 나를 둘러싸고 더 촘촘해졌다. 그러다 며칠 뒤, 문이 갑자기 열렸다. 쇠문이 비스듬히 밀리며 서늘한 바람 한 줄기 들어왔다. 고물상 아저씨가 자백했다는 말이 들렸다. 내가 아니라 그가 훔친 것이었다. 밖으로 나오는 순간, 나를 고문했던 경찰 둘과 마주쳤다. 그들은 내가 풀려난 이유를 이미 알고 있으면서도, 아무 말도 하지 않았다. 미안하다는 말을 기대한 것은 아니었지만, 그들에게는 그런 내색은커녕

  2. 발붙일 곳 없는 삶의 기울기

나를 향하던 비웃음이 멈추지 않았다.

"운 좋았다."

그 눈빛은 사과도 아니었고, 후회도 아니었다. 단지 귀찮은 업무 하나가 끝났다는 듯한, 담배 연기보다 가벼운 표정이었다. 내 볼에 남은 손바닥 자국과 정강이에 남은 발자국의 통증은 그들 앞에서 더 뜨겁게 욱신거렸다. 내가 하지 않았다는 것이 증명되었지만, 그들은 내가 마치 범죄를 저지르고도 걸리지 않은 것처럼 대했다.

한 경찰은 조서를 구겨 쓰레기통에 던졌다. 그 순간, 나는 깨달았다. 조서에 적힌 내 죄목이 휴지 조각이 된 것이 아니라, 내 존재 자체가 휴지 조각처럼 취급됐다는 사실을. 그들은 나를 사람으로 보지 않았다.

'맞아도 되는 놈',
'함부로 취급해도 되는 놈'

그 이상도 이하도 아니었다. 또 다른 경찰은 내 쪽을 보며 피식 웃었다. 아무 말 없이 웃었는데도, 그 웃음에 담긴 뜻은 선명했다. "너 같은 놈은 어디 가도 이렇게 산다." 그들을 지나칠 때, 그 웃음 이 귓가에 걸려 따라왔다. 유치장 바닥의 짙은 어둠보다, 주먹의 통증보다, 그 무시의 냉기가 더 깊이 파고들었다. 나는 그날 처음으로, 이 세상에서 '진실'보다 '힘'이 더 빨리 움직인다는 걸 배웠다. 그리고 '약한 자의 말'은 귀에 닿지도 않는다는 사실도. 나오는 길, 밝지도 어둡지도 않은 겨울빛이 얼굴에 닿았다. 하지만 그 빛이 따뜻하다고 느껴지지 않았다. 눈을 뜨고 있는데도, 여전히 한기가 따라다녔다.

그 경험은 내 삶에 첫 번째 '빨간 줄'이 그어질 뻔한 순간이었다. 전과 기록은 남지 않았지만, 그보다 훨씬 깊은 지워지지 않을 상처가 남았다. 그 뒤로 오래도록, 누군가 다가오며 내 이름을 부르면 나는 먼저 뒤를 돌아봤다. 잡혀가던 날의 그 손, 그 눈빛, 그 어둠이 내 그림자처럼 늘 따라오고 있었다. 내 몸은 경찰서 문밖으로 나왔지만 내 안에 갇힌 건 풀리지 않았다.

유치장 벽의 곰팡내, 경찰의 무표정한 손, 피가 고인 철맛, 그리고 '너 같은 놈'이라는 말. 그 말이 가장 오래 남았다. 주먹보다 더 깊숙하게. 세상이 약자를 의심하는 방식, 가난한 아이에게 무죄를 설명할 기회조차 주지 않는 방식— 나는 그것을 너무 일찍 배웠다. 그날 이후 나는 혼자 다짐했다. 어떤 상황에서도 고개 숙이지 않겠다고. 누가 나를 끌어내리려 하면, 그 손을 반드시 뿌리치겠다고. 세상이 나를 함부로 판단하도록 그냥 두지 않겠다고. 그리고 훗날, 용접봉 끝에서 튀는 불꽃을 바라보던 어느 밤, 그 다짐은 더 단단해졌

　　　　　　　　　　2. 발붙일 곳 없는 삶의 기울기

다. 그 불꽃은 짧게 튀고 사라지지만, 사라지기 직전 가장 밝다. 그
것을 보며 생각했다. 사람도 그렇다고.

묵호로 가다

　유치장에서 나온 다음 날, 나는 다시 공장으로 돌아갔다. 기계
소음도, 불꽃도, 사람들의 걸음도 똑같았다. 그런데 이상하게, 모든
것이 내게만 조금 낯설게 느껴졌다. 용접기를 잡아도 손끝 힘이 전
에 비해 잘 들어가지 않았고, 불꽃이 튀어 오를 때마다 집중이 흐트
러졌다. 목은 묵직했고, 멍든 팔은 계속 쑤셨다. 망가진 몸보다 마음
은 더 무거웠다. 일은 돌아가야 하는데, 어디 하나 제대로 붙잡히는
데가 없었다. 철판을 세우는 소리가 멀리서 울리는 것처럼 들렸고,
점심시간에 밥을 뜨는 손도 이유 없이 굳어 있었다.

　"왜 이렇게 멍하노?"

　누가 웃으며 말했지만 나는 그냥 고개만 끄덕였다. 말하고 싶지
않았다. 말을 해도 달라질 게 없다는 걸 알았다. 그렇게 며칠을 흘
려보냈다. 일은 돌아가도, 나만 제자리에 걸려 있는 기분이었다. 그
러던 어느 날 저녁이었다. 바람이 유난히 차가웠고, 기름 냄새 대신
묘하게 쌀 씻는 냄새 같은 게 스쳐 갔다. 그 냄새가 가슴을 찔렀다.

그 순간, 어머니가 떠올랐다. 아무 이유도, 아무 기척도 없이. 그저 내 안쪽 깊은 곳에서 슬며시 불빛이 켜지듯 어머니 얼굴이 떠오른 것이다. 밥 먹을 곳도, 마음 둘 곳도 없던 시절이었고 그 얼굴 하나가 유일한 방향 같았다. 나는 주머니에서 구겨진 종이를 꺼냈다. 삼촌이 적어준 주소였다.

'강원도 묵호.'

그 한 줄의 글씨가 나를 움직였다. 주머니엔 천 원 한 장. 가진 건 그뿐이었다. 그래도 출발했다. 무작정 청량리 인력시장에서 기차표를 끊고, 묵호로 향하는 객차에 몸을 실었다. 기차는 낡았고, 창문은 흔들렸으며 좌석은 딱딱했다. 하지만 그 모든 불편함이 전혀 문제가 되지 않았다. 달리는 기차 안, 나는 어머니에게로 가고 있다는 사실 하나만으로 조금이나마 숨을 쉴 수 있을 것 같았다. 그러나 어느 순간, 기차의 긴 굽이진 선로가 산을 미끄러져 나오자 눈 앞에 전혀 다른 세상이 펼쳐졌다.

'아, 바다!'

나는 처음 보는 풍경 앞에서 얼어붙었다. 끝이 없었다. 바람이 먼 수평선에서부터 쓸려와 창문을 두드렸다. 햇빛이 물결 위에서 은박지처럼 반짝이며 깨졌다. 하얀 파도는 달리는 기차를 따라오

     2. 발붙일 곳 없는 삶의 기울기

듯 부서졌고, 어디서 시작해 어디로 흘러가는지 모를 푸른 면이 거대한 생명처럼 꿈틀거렸다. 그 광경은, 내 어린 시절 어느 구석에도 없던 색이었다. 가난의 회색, 연탄재의 검은빛, 골목의 갈색 흙바람, 공장의 잿빛만 보며 자라던 내게 그 바다는 너무 커서, 너무 푸르러서, 한순간 어머니를 잊게 할 만큼 압도적이었다. 나는 창문에 얼굴을 바짝 대고 숨도 쉬지 못한 채 바라봤다. 그 파란빛 속으로 빨려 들어갈 것 같았다. 세상이 이렇게 넓다는 걸 그 순간 처음 알았다.

오랫동안 남을 짧은 재회

바람이 다시 창문 틈으로 스며들고 쌀 씻는 냄새가 희미하게 비집고 돌아오자 나는 다시 어머니를 떠올렸다. 바다는 잠시의 마법이었다. 현실은 여전히 나를 따라왔다. 기댈 곳이 없을 때, 사람은 결국 '어머니'를 떠올린다. 그건 본능이었다. 나는 어머니가 전북 임실 출신이라는 이야기만 들었다. 일남 삼녀 중 막내딸. 큰이모와는 유독 정이 깊었다고 한다. 큰이모는 살림이 넉넉해서 어릴 적 나는 큰이모 집에 자주 갔던 기억이 있다. 밥 냄새가 풍기고, 이모와 아이들의 웃음이 집안을 채우던 곳. 그러나 다른 이모, 다른 삼촌들과는 왕래가 거의 없었다. 우리 가족은 언제나 어딘가에서 조금 비켜서 있었다.

그렇게 생각에 잠겨 있는 동안 기차는 바다 옆을 스치고, 산을 돌고, 어두운 터널을 지나 천천히 묵호를 향해 달려갔다. 나는 다시 어머니를 생각했다. 그 바다만큼은 잊지 못할 것 같았지만, 그보다 더 잊을 수 없는 건 그 바다의 끝에서 어머니가 나를 기다리고 있을지도 모른다는 희미한 희망이었다. 묵호는 바다 냄새가 났다. 소금기 섞인 바람이 얼굴을 때렸다. 그곳에서 나는 어머니를 다시 만났다. 어머니는 오징어 배를 타는 남자와 살고 있었다. 새살림이었다. 사이에 아이는 없었다. 어머니는 나를 보자 반가워하면서도 어딘가 죄스러운 눈빛이었다. 그 눈빛 속엔 미안함, 안도, 그리고 걱정이 섞여 있었다.

"잘 왔다."

그 말 한마디가 전부였다. 그날 밤, 나는 어머니와 작은 하꼬방에 누웠다. 그 남자는 바다로 나가 있었고, 방 안에는 바닷소리와 어머니의 숨소리만 가득했다. 어머니는 아무 말도 하지 않았다. 손을 내밀지도 않았다. 나는 그저 누워, 오래전 어릴 때 맡았던 냄새를 찾았다. 연탄가스와 비누 냄새, 그리고 미묘한 체온의 냄새. 그게 '엄마 냄새'였다. 그 냄새만으로도 마음이 풀렸다. 나는 울지 않았지만, 잠이 들 때 눈물이 흘렀다. 새벽, 배가 다시 떠났다. 부둣가에선 등불이 흔들리고, 엔진 소리가 바다 위로 퍼져나갔다. 어머니는 나를 불러 세우더니 손에 돈 몇 장을 쥐여주었다.

"이걸로 밥 좀 먹고 다녀."

그 말이 끝이었다. 그 돈이 어디서 난 건지 지금도 모른다. 아마 빌렸을 것이다. 당신도 빠듯했을 테니까. 나는 그날 오후, 다시 서울로 향했다. 버스 창문 밖으로 바다가 멀어졌다. 햇살이 비쳤고, 내 손에 쥔 돈이 따뜻했다. 그 돈보다 따뜻했던 건, 그날 밤의 공기였다. 어머니와 같은 방에서 아무 말 없이 숨을 맞대고 누워있었던 그 시간. 그게 전부였다.

그 재회는 짧았다. 하지만 오래 남았다. 그 한 번의 만남이 내 안에서 불씨처럼 남아 지독한 세월에도 꺼지지 않았다. 그 후로 나는 종종 생각했다. 세상 어디에도 내 자리가 없다고 느낄 때마다, '그래도 어머니가 있었다'는 그 기억 하나로 버텼다. 비록 그분은 자주 사라졌지만, 내 마음 어딘가에는 언제나 돌아갈 수 있는 작은 불빛 하나로 남아있었다. 그 불빛이 나를 계속 달리게 했다. 오토바이의 엔진 소리와 함께. 나는 그 불빛을 따라 살아왔다. 그리고 지금도, 어쩌면 여전히 그 길 위를 달리고 있는지도 모른다.

감춰진 진실

밤 열차에 오르다

묵호에서 돌아왔지만, 딱히 머물 곳은 없었다. 가난은 사람을 밀어낸다. 그저 막연히 울산으로 가는 열차를 탔다. 딱히 연고도 없었다. 다만, 거기에 가면 일할 수 있다는 말을 들었다. 1970년대 울산은 거대한 몸체가 천천히 깨어나는 도시였다. 60년대, 대한민국 최초의 공업단지가 세워지고 나서 울산은 하루가 다르게 부풀어 올랐다. 기계의 숨결이 도시의 호흡이 되었고, 연기와 철 냄새가 바람의 냄새를 대체했다. 산등성이를 덮고 있던 논과 밭이 사라지고 그 자리에 어마어마한 공장들이 솟아올랐다고 했다.

공장들이 늘어나자 전국에서 사람들이 몰려들었다. 전라도에서, 강원도에서, 경상도 깊은 산골에서, 부두와 비닐하우스에서, 가난한 집의 장남과 차남들과 막내들까지 가방 하나 들고 울산으로 내려왔다. 울산역 앞 인력시장에는 새벽 네 시면 이미 사람들이 꽉

차 있었다. 추운 겨울, 트럭 뒷칸에서 서로의 몸을 붙여 체온으로 견디는 사람들. 기름 냄새, 땀 냄새, 술 냄새, 그리고 막연한 '희망'이라는 것이 불쑥 섞여 있었다.

"울산 가면 돈 번다."
"울산 가면 집도 사고 장가도 간다."

그 말이 사람들을 몰아넣었다. 그 말 하나가, 그 시대 가난한 청춘들의 전부였다. 하지만 도시는 거칠었다. 어딜 가든 공사판은 터졌고, 해가 떠 있는 동안은 목숨을 걸고 일해야 했고, 해가 지면 그 목숨을 어디에 기대야 할지 몰라 술집과 싸움과 고독 속을 방황해야 했다. 그럼에도 불구하고 누구나 울산으로 향했다. 그곳이 '나라를 세우는 기둥'이라 했고, '젊은 노동자의 피와 땀'으로 성장하는 곳이라 했고, 그 피와 땀 속에서 자신의 미래도 뜨거워질 것이라고 믿었기 때문이다. 울산은 근대화의 첨단 도시였다.

나도 그 사막 같은 기대와 허기에 떠밀려 그 도시를 향하게 되었다. 나는 가난했고, 갈 데가 없었고, 내 몸 하나로 살아남아야 했다. 열차에서 우연히 만난 한 아주머니가 내 이야기를 들었다. 불쑥, 자기 아들이 울산에 산다며 가서 같이 지내보라고 하였다. 그 말은 마치 구명줄 같았다. 나는 붙잡았다. 붙잡지 않으면 가라앉을 것 같았다. 그렇게 나는 아무 연고도 없는 울산으로, 그 도시의 기름 냄새와 철 냄새 속으로 흘러 들어갔다.

아주머니의 아들과 나는 비슷한 나이였다. 둘이 쓸 방 하나를 배정받았다. 벽지는 눅눅했고, 창틀은 금이 가 있었고, 방 안에는 우리가 살아온 어둠이 서로를 알아보는 듯 묵직하게 내려앉아 있었다.

추락

나와 함께 지낸 청년은 나처럼 어릴 때부터 온갖 고생을 해왔다고 했다. 학업도 뿌리내리지 못했고, 동네 건달들과 어울려 다니는 생활에 익숙한 사람이었다. 나는 자연스럽게 그의 궤도로 빨려 들어갔다. 갈 데 없는 사람들은 서로의 그림자를 밟으며 한곳으로 모이기 마련이었다. 그곳은 공사판이었다. 공장이 솟아나던 시절의 울산. 철골이 하늘을 찌르고, 기름 냄새가 거리에 스며들고, 아침이면 트럭이 노동자들을 욱여넣어 공사 현장으로 실어 날랐다. 우리는 매일 다른 공장을 오갔다. 설탕공장, 봉제공장, 현대차 주변의 공업단지. 어디든 사람이 부족했다.

어디든 몸만 있으면 일할 수 있었다. 하지만 그 일들은 늘 높은 곳에 있었고, 늘 위험과 맞닿아 있었다. 사십 미터, 육십 미터. 아찔한 높이의 철골 위에서 우리는 안전 장비 하나 없이 움직였다. 사다

  2. 발붙일 곳 없는 삶의 기울기

리조차 없는 곳도 있었다. 그러면 철근을 손으로 잡고 올라갔다. 철판은 미끄러웠고, 손은 늘 떨렸다. 바람의 힘은 높은 곳으로 올라가면 제대로 느낄 수 있다. 땅 밑에서 부는 바람과는 전혀 다른 힘으로 공중을 지배한다. 크레인의 구조물을 타고 올라갈 때면 멀리서 바람이 엉덩이를 밀어 금방이라도 떨어질 것 같았다.

나는 용접 보조였다. 철근에 마이너스 전극을 연결하고, 작업 준비를 돕고, 용접공의 손끝이 내게 신호를 보내면 그 신호를 놓치지 않기 위해 숨을 삼켰다. 그 높이에서 나는 매일 '죽음'을 가까이서 보았다. 그러면서도 그게 당연한 줄 알았다. 그 나이에 누가 '죽음'을 제대로 알겠는가. 우리는 단지 뛰었고, 올라갔고, 버텼다.

비가 갠 어느 날이었다. 철골 위는 젖어 있었다. 우리는 평소처럼 일하고 있었다. 바로 아래에서 내 또래의 한 친구가 철골을 건너고 있었다. 눈을 깜빡인 순간이었다. 그의 발이 미끄러졌다. 삼십오 미터. 그는 그대로 떨어졌다. 시간이 천천히 흐르는 듯했다. 그의 몸이 허공에서 뒤틀리고, 작업복이 바람에 휘날리고, 손이 허공을 붙잡듯 허우적거렸다. 아래에는 마침 공사용 웅덩이가 있었다. 물이 충격을 조금은 흡수해 주었다. 그러나 웅덩이에는 전기가 흘렀다. 전극이 빠져나와 있었다. 물속으로 떨어진 그의 몸이 순간적으로 푸른빛을 띠며 경련했다. 그리고 움직임이 멈췄다.

나는 그 장면을 바로 위에서 보았다. 몸이 굳고, 어깨와 다리가 떨려 내려갈 수도 없었다. 누군가가 나를 붙잡고 끌어내릴 때까지 나는 철골 위에서 얼어붙어 있었다. 바닥에 도착하고 나서도 오랫동안 움직이지 못했다. 내 주위의 공기가, 주변의 모든 사물이 얼어붙어 움직이지 않았다. 멍한 느낌, 그 순간을 찍어버린 하나의 흑백 사진처럼 모든 게 순간 멈췄다. 그날 이후, 나는 높은 곳에 올라가기만 하면 다리가 떨렸다. 손에 힘이 빠져 철근도 못 잡았다. 몸이 먼저 두려움을 기억해버린 것이다. 결국 나는 그 현장을 떠났다. 그리고 또 다른 공장으로 옮겨갔다. 울산은 내게 첫 번째 죽음을 가르쳐준 도시였다.

외로움을 파고드는 손

다른 공장에서도 나는 조공으로 일했다. 오야지의 뒤에서 공구를 챙기고, 재료를 옮기고, 손짓 하나에 즉각 반응해야 하는 자리였다. 하지만 나는 남들보다 빠르게 배웠다. 오야지가 무엇을 하려는지, 그 전에 무엇을 준비해야 하는지. 나는 그의 손등의 주름과 어깨의 각도만 봐도 다음 동작을 알았다. 어느 날, 숙련공이 나를 불러 말했다.

"애, 너 사우디 갈래? 데리고 가고 싶다."

   2. 발붙일 곳 없는 삶의 기울기

그 말에 내 가슴이 한 겹 뜨거워졌다. 그 한마디가 내게는 인정이고, 꿈이고, 처음 느껴보는 '가능성'이라는 것이었다. 하지만 그 숙련공이 다니던 회사가 갑자기 부도가 났다. 연락도 끊겼다. 휴대전화도 없던 시절.

주소도, 전화번호도 몰랐다. 그 인연은 그렇게 허공으로 흩어졌다. 그 기회가 사라진 뒤에도 나는 오래도록 그 말을 마음속에서 되뇌었다. 그 말 하나로 힘겨운 삶을 버텼다.

"너는 잘한다."

하지만 공장 밖의 나는 여전히 방향을 잃은 청춘이었다. 함께 지내던 청년들의 삶은 늘 위험을 달고 있었다. 울산 시내에는 건달 무리가 많았고, 우리는 그 경계선에서 맴돌았다. 나는 담배를 배웠고, 술집과 나이트클럽을 오갔고, 울산의 한 육교 밑에서 대마초를 피워대기도 했다. 어딘지 방향을 알 수 없었고 항상 발이 붕 떠 있는 것 같았다. 어디든 마음을 붙이고 싶었다. 철없고, 젊고, 어디에도 속하지 못한 사람이 가는 길.

그러다 봉화에서 온 순박한 친구가 울산 건달들에게 괴롭힘을 당하는 것을 알게 되었다. 나는 마치 나를 괴롭히는 것 같았다. 아니 그보다 더했다. 그 친구는 시골에서 나서 자란 순박한 청년이었다. 그동안 얼마나 많은 사람이 나를 무시하고 조롱하고 때리고 괴롭혀왔던가. 그리고 난 망가져왔다. 그러나 그 순박한 친구가 나처럼 망가지는 것을 도저히 두고 볼 수 없었다. 본능적으로 건달들에게 덤벼들었다. 그 순간 주변에 있던 돌을 들고 미친 듯이 휘두르는 나를 보더니, 건달들이 물러났다. 다음 날 그들은 나를 한적한 공터로 끌고 갔다. 결과는 예상대로였다. 서너 명에게 둘러싸여 삼십 분 넘게 집단 폭행을 당했다. 눈이 퉁퉁 붓고, 갈비뼈가 부러지고, 일주일 동안 일터에 나갈 수 없었다.

나는 그 건달들이 싫었다. 그러나 나와 한방을 쓰는 주인집 아들이 그 건달패거리였다. 평소에 나를 받아주었고 한 팀으로 같이 술도 마시고 담배도 피웠던 '친구'들이었다. 나는 그들이 싫었지만, 그들은 나를 싫어 하지 않았다. 그들은 나빴지만, 그 당시 그곳에서 나를 받아준 유일한 사람들이었다. 나는 그들에게 흠씬 두들겨 맞은 이후에도 그들과 어울렸다. 그들이 하는 나쁜 건달 짓은 하지 않았지만, 그들이 술을 마시고 담배를 피우며 욕지거리할 때 나도 끼어들었다. 나도 그들의 욕지거리를 배우고, 내뱉으며 동질감, 소속감을 느꼈다. 내 인생은 이렇게 아이러니했다.

그 시절에도 내 마음의 가장 깊은 곳에는 다른 불씨가 하나 타고 있었다. 배움. 나는 뭔가를 배우고 싶었다. 누군가에게 인정받고 싶었다. '이렇게 살면 안 된다'는 조용한 목소리가 가슴 밑바닥에서 계속 울렸다. 그래서 나는 때때로 울산의 예술대학 근처를 맴돌았

      2. 발붙일 곳 없는 삶의 기울기

다. 학생들이 들고 다니는 스케치북, 길가에 놓인 조각들, 늦은 밤까지 켜져 있는 작업실의 불빛. 그 풍경들 사이에서 나는 한 번도 가져보지 못한 미래를 보았다. 내가 걸어본 적 없는 길이었고, 그러나 단 한 번이라도 걷고 싶었던 길이었다. 그 갈망은 겉으로 드러나지 않았지만 오래도록 나를 끌어당겼다. 그 시간이 있었기에 훗날 다시 삶을 붙잡을 수 있었다.

내 가족, 두 번째 살림

그 무렵 영장이 나왔다. 내 나이 스무 살이었고, 나는 군에 끌려가야 했다. 건강상의 문제는 없었지만, 철원은 대부분 방위병으로 근무시키는 지역이었다. 철원에서 열두 명 중 두 명만 현역으로 지원하고, 나머지는 모두 지역 방위로 남았는데, 나도 방위병으로 근무해야 했다. 그렇게 다시 아버지의 집, 어린 시절 잠깐 다녔던 초등학교가 있던 그 동네로 돌아오게 되었다. 아버지는 새로운 가정을 꾸리셨다. 나는 '다른 가족' 속으로 들어갔다.

그 집은 나에게 '집'이 아니었다. 문을 열자마자 느껴졌다. 내가 설 자리가 없다는 것을. 아버지는 생선 장사를 하느라 종일 집에 없었고, 집에는 새어머니만 있었다. 나는 그 집의 '손님'이었다. 게다가 반가워하는 손님도 아니었다. 새어머니는 성격이 까칠했고 이유도 없이 하루에도 몇 번씩 트집을 잡았다. 도시락도 내가 직접 싸야 했고, 부대로 가는 버스비조차 늘 부족했다. 돈이 필요할 때, 어쩔 수 없이 나는 집안을 뒤지게 되었다. 그때 중학생이던 막냇동생이 삽을 들고 나를 향해 달려들었다. 자기 어머니를 지키겠다는 듯이. 집안은 매번 난장판이 났다. 나는 그 상황을 이해하지 못했다. 왜 나만 이렇게 취급받아야 하는지, 왜 나는 이 집에서 끝없이 겉돌아야 하는지. 그때는 몰랐다. 하지만 곧, 모든 것이 폭발하듯 드러났다. 그곳은 아버지의 '새 가정'이 아니었다.

어느 날이었다. 사소한 말다툼 끝에 흐릿하게 들리던 이름, 어린 시절 잠깐 스쳐 간 기억, 집안의 어른들이 낮은 목소리로 하던 말을 흘려듣던 순간이 퍼즐처럼 맞춰졌다. 그 집이 '새 가정'이 아니라, 아버지의 본가라는 사실. 내가 본 적 있다고만 생각했던 세 명, 어렸을 때 우리 집에 와서 함께 지냈던 그 먼 친척들이 사실은 아버지의 첫 번째 아내의 자식들이었던 것이다. 그리고 나와 내 친동생들, 그리고 우리 어머니는 아버지가 따로 차린 '두 번째 살림'이었다는 것. 그 사실이 심장을 꿰뚫었다. 그렇게 돌고 돌아, 나는 아버지의 첫 번째 가정으로 다시 돌아온 것이었다. 그리고 나는 이 집에서, 그저 '용서받을 수 없는 패륜아'일 뿐이었다.

어머니가 했던 말들이 하나둘 떠올랐다. 아버지 첫째 부인의 아들이 우리 어머니에게 던졌던 거친 말들. 그때 어머니가 제대로 대응

　　　　　　　　　　　　　　　2. 발붙일 곳 없는 삶의 기울기

하지 못하고 그저 굽힐 수밖에 없었던 이유. 사라졌다가 돌아오고, 언제나 서러움을 삼키던 어머니의 표정. 풀리지 않았던 모든 이야기가 한순간에 풀렸다. 나는 충격으로 멍해졌다. 이해가 늦게 찾아올수록 아픔은 더 깊어졌다.

무관심으로 쌓은 두터운 침묵

무엇보다 분노했던 것은 교육의 차별이었다. 아버지는 배다른 동생들, 즉 본가의 아이들이 중학교에 갈지 말지를 상의하며 그들의 교육을 챙겼다. 그러나 나와 내 친동생들은 단 한 번도 그 기회를 받지 못했다. 우리는 모두 초등학교까지만 나왔다. 상담도, 고민도, 관심도 없었다. 왜 똑같은 자식인데 우리는 아무것도 받지 못했는가. 그 질문이 마음속에서 돌처럼 뭉텅뭉텅 굴렀다. 나중에 직업 훈련을 받으며 이력서를 쓸 때 또 하나의 충격이 찾아왔다. 내가 '김해 김씨'라 알고 있었던 성씨가 사실은 '경주 김씨'였다는 것. 족보, 뿌리, 가족, 혈통—그 어떤 설명도 들은 적이 없던 내게 그 사실은 또 한 번의 쓰라린 배신이었다.

아버지는 첫째 가정의 아이들에게는 관심을 줬지만, 둘째 가정의 아이들인 우리에게는 아무런 사랑도, 설명도 건네지 않았다. 무관심은 때로 모욕보다 더 날카롭다. 그 무관심이 나를 만든 흉터였다. 굶주림, 외로움, 그리고 점점 날카로워지는 마음으로 그 집에서 버텼다. 내 방위병 생활은 고됐다. 도시락 싸는 것도 버스비 마련하는 것도 모두 내 몫이었다. 몇 번 어머니에게 도움을 청했고, 어머니의 옛 친구가 몰래 봉투를 전해주곤 했다. 작은 봉투 속에 들어 있던 몇천 원. 그건 단순한 돈이 아니라, 나를 포기하지 않은 누군가의 숨결 같았다. 하지만 그 돈도 오래가지 않았다. 결국 나는 부대 식당에서 일하며 현역과 다르지 않은 군 생활을 해야 했다. 새벽마다 밥을 날랐고, 밤에는 둑방에 앉아 담배를 배웠다.

배고픔보다 외로움이 더 견디기 힘들었다. 집에서는 환영받지 못했고, 집에 가기 싫어 부대에서 짬밥을 얻어먹으며 지내는 날이 많았다. 막냇동생과의 갈등은 계속됐고, 새어머니의 차가운 시선은 날마다 날카롭게 심장을 찔렀다. 나는 점점 소심해지면서도 한편으로는 예민하고 날선 사람이 되어갔다. 누구와도 깊이 어울리지 못했다. 말 한마디에 쉽게 흔들리고 사소한 일에도 움츠러들었다. 아버지는 늘 조용한 사람, 감정을 드러내지 않는 사람이었다. 그 침묵은 나와 닮았고, 그 침묵 때문에 나는 더 고통받았다.

나는 결국 부대 내에서 생활하기 시작했다. 현역처럼 식당에서 일하며 내 생활비와 군 생활을 동시에 해결했다. 새벽부터 움직여야 했기에 부대 안에서 잠을 자는 생활로 바뀌었다. 어머니가 매달 조금이나마 돈을 보내주시기도 했다. 돈이 아니라, 그 마음으로 힘

   2. 발붙일 곳 없는 삶의 기울기

든 군 생활을 마칠 수 있었다. 그렇게 일 년 십사 개월. 방위병이라는 이름이 무색하게 나는 현역보다 더 치열하게 살았다. 하지만 무엇보다, 그 시절은 내 결핍의 정체를 직면한 시간이었다. 사랑받지 못한 아픔. 아버지의 외면. 차별과 부재, 그리고 그 모든 것을 이해하게 된 순간의 충격. 그 고통의 시간이 훗날의 나를 어떻게 만들었는지는 뒤늦게야 알 수 있었다.

3화

어둠 끝에서 다시 한 걸음

“

나는 늘 돌아갈 곳을 잃고 떠돌았다.

길은 언제나 낯선 곳으로 이어졌다.

나는 다시 묵호를 향했다.

비릿한 바닷내음 속에서,

어머니의 손 하나가 아직 내 삶을 붙잡고 있다는 것을

믿고 싶었기 때문이다.

무너진 자리마다 다시 돌아오는 길,

그 길 위에서 나는 비로소 나를 다시 세웠다.

”

무너진 자리에서 다시

다시 묵호로

군 생활을 마치고 돌아온 날, 나는 갈 곳이 없었다. 철원에서의 생활은 이미 끝난 지 오래였고, 아버지의 집으로 돌아간다는 건 내 몸 안에 남은 마지막 자존심마저 내어주는 일이었다. 그래서 나는 자연스럽게, 거의 반사적으로 어머니를 떠올렸다. 어머니의 얼굴. 어머니의 손. 어머니라는 말이 입 안에서 천천히 굴러가다 가슴 깊은 곳에서 어떤 문을 열었다. 나는 아무에게도 말하지 않고, 그냥 가방 하나 달랑 들고 강원도 묵호행 버스에 몸을 실었다.

버스 창문에 비친 내 얼굴은 군 복무 동안 부서지고 깎여나간 어설픈 청춘의 잔해처럼 보였다. 나는 그 얼굴을 외면하며 창밖만 바라봤다. 겨울 끝 물기 묻은 산등성이, 녹지 않은 골짜기, 자잘한 동네의 기와 지붕들. 그 모든 풍경이 내 안의 공허를 덮지는 못했지만, 묵호로 간다는 사실 하나가 나를 간신히 붙들고 있었다. 그러다 바다가 보였다. 그 바다 위에 우리 가족의 모습이 떠올랐다. 내가 알고 있던 '우리 집', 내가 기억하던 다섯 식구의 웃음들, 아버지의 어깨, 어머니의 손, 그 모든 것 위에 다른 가족이 있었다는 사실이 파도처럼 갑자기 가슴을 후려쳤다. 배신감, 당혹감, 혼란과 허무가 한꺼번에 올라왔다.

하지만 신기하게도, 바다는 나를 완전히 무너뜨리지는 않았다. 파도 소리를 들으며 나는 어렴풋이 알았다. 비록 우리 집이 아버지에게 '두 번째'였을지라도, 그 안에서 내가 느꼈던 따뜻함은 누구에게도 부정할 수 없는 '첫 번째 진실'이었다고. 가난했지만 웃었고, 힘들었지만 서로를 안았다. 누가 뭐라 하든, 우리의 온기는 그때 확실히 존재했다. 그 기억은 거짓이 아니었다. 나는 바다를 바라보며 중얼거렸다.

"우리는 있었다."

묵호역 근처에 도착했을 때, 짙은 비린내가 스며든 바람이 얼굴을 스쳤다. 오징어 말리는 냄새, 바닷물에 절은 부두의 냄새, 낡은 항구 동네의 습한 새벽 냄새. 그곳에서 어머니는 좋지도 않은 하숙집을 운영하고 있었다. 그 하숙집은, 세월에 오래 얻어맞은 것처럼 벽이 움푹 꺼져 있었다. 창문은 늘 축축했고, 슬리퍼 끄는 소리가 마루에서 늘 선명하게 울렸다. 나중에 알게 됐지만, 그 집은 어

　　　　　　　　　　　　　　3. 어둠 끝에서 다시 한 걸음

머니가 아버지와 닮았다는 동생의 도움을 받아 전세로 겨우 얻은 곳이었다.

오징어 배 타는 험한 남자들, 손등에 굳은살이 산처럼 솟아 있던 사람들, 밤마다 술내음과 바다내음을 실어오는 사람들. 그들이 어머니의 하숙집에서 자고 나갔다. 나는 그 하숙집 끝 구석의 작은 방에서 지냈다. 수명이 다한 형광등 하나, 둘이 누우면 숨이 부딪히는 정도의 공간. 그 방에서 나는 참 오랜만에 깊이 잠들었다. 아무것도 없어서 오히려 편한 밤들이었다. 어머니와 나는 한 달 가까이 그렇게 지냈다. 바닷가를 걸었고, 시장 구석에서 어묵을 사 먹었고, 밤이면 오래된 흑백 TV 앞에 나란히 앉았다. 어머니는 말이 많지 않았다. 하지만 그 침묵은 철원에서의 침묵과는 완전히 달랐다. 그저 살아내느라 굳어버린 사람의 따뜻한 체온이 묻어 있는 침묵이었다. 나는 그 침묵 속에서 오래 잃어버렸던 '집 같은 공기'를 다시 느꼈다.

누구도 무시하지 못하도록

어느 날, 어머니는 말없이 나를 철공소로 데리고 갔다. 작은 창고 같은 건물, 쇳가루 냄새, 진동하는 용접 불빛. 그곳에서 나는 다시 일하게 되었다. 내 청춘은 늘 '일'에서 다시 시작되었고, 늘 '일'에서 부서졌다. 철공소에서도 마찬가지였다. 처음엔 다들 무심하게 굴었다. 그러나 며칠 지나지 않아 공기 속에서 묘한 기류가 생겼다. 어떤 이는 내 옆을 지나가며 일부러 어깨로 치고 갔고, 몇몇은 손가락질을 하며 키득거렸다. 점심시간이면 빈 자리가 있어도 나와 눈을 마주치면 다른 자리에 가 앉았다. 내가 먼저 말을 걸면 짧게 대답하고 금방 뒷모습을 보였다. 누군가는 내가 모르게 내 뒤에서 중얼거렸다.

"바깥에서 사고 치다 온 거 같다더만."

나는 아무 말도 하지 않았다. 말을 해봐야 달라질 것도 없었고, 그들이 진짜 원하는 건 내가 반박하는 모습 자체였다는 걸 알고 있었기 때문이다. 그러나 무시는 점점 더 노골적이 됐다. 철판을 옮기는데 누가 뒤에서 일부러 걸어 넘어뜨렸고, 용접기를 세팅하려는 순간 전선이 내 발밑에서 쓱 빠져나가 바닥에 처박혔다. 그들은 웃었고, 나는 손등을 쓸어내며 일어섰다. 멍이 드는 건 몸보다 마음이 먼저였다. 그렇게 며칠을 버티던 어느 날, 마침내 선이 하나 뚝 끊어졌다. 누군가 내 공구함을 발로 차고 말했다.

"야, 이것도 제대로 못 하나?"

나는 그 말 뒤에 붙어 있던 비웃음에 주먹이 먼저 반응했다. 그

   3. 어둠 끝에서 다시 한 걸음

순간은 짧았다. 누가 누구를 먼저 밀었는지조차 기억나지 않는다. 쇳소리가 울렸고, 욕설이 뒤섞였고, 작업장이 잠깐 멈춘 듯 정적이 내려앉았다. 그리고 곧 경찰이 왔다. 나는 장갑도 벗지 못한 채 팔을 잡혀 끌려갔다. 그렇게 경찰서 유치장에 갇혔다.

좁고 눅눅한 공간, 머리 위로 닿을 듯 낮은 천장, 변기 옆 악취가 하룻밤 내내 코를 찔렀다. 유치장 바닥의 차가운 시멘트는 뼈까지 스며들었다. 숨이 가빠지고, 귀가 울렸다. 그 억울함—어린 시절, 아무 이유 없이 잡혀가 맞았던 그 느낌이 다시 전신을 타고 올라왔다. 하지만 이번에는 '분노'만이 아니었다. 공포가 있었다. 이상하게 그날은 유난히.

코앞까지 왔던 삼청교육대

"야, 내일 아침에 차온단다. 삼청 보낸다던데."

한 순경이 담배를 피우다 말고 말했다. 아무렇지 않은 얼굴로. 그 말투가 더 무서웠다. 동네 미용실 예약 이야기하듯, '삼청'이라는 단어를 너무 가볍게 던졌다. 나는 그 말을 처음 들었을 때는 제대로 이해하지 못했다. 하지만 곧 옆 칸에서 누군가가 중얼거렸다.

"거기 끌려가면… 사람 아니다. 죽어 나오거나 반병신 돼서 나오지."

그때는 전두환 정권 시절이었다. 삼청교육대라는 이름이 사람들을 삼켜가던 때였다. 나는 다음 날 그곳으로 끌려갈 예정이었다. 가볍게 웃는 사람도 있었다. 이미 체념한 얼굴이었다. 경찰 두 명이 밤새 교대하며 유치장 문을 발로 차고 지나갔다. 깡통이 찢어지는 소리 같았다. 그날 밤, 나는 한숨도 자지 못했다. 고개를 들면 천장에 금이 보였고, 고개를 숙이면 바닥의 물웅덩이에서 내 얼굴이 일그러져 있었다. 그 얼굴은 끝없이 낯설었다.

'내일이면 나는 사라지는 건가…'

생각은 단순했고, 그 단순함이 오히려 더 무서웠다. 밤이 길었다. 온갖 생각으로 밤새 뒤척일 수밖에 없었다. 차가운 것은 유치장의 시멘트 바닥만이 아니었다. 새벽 무렵, 문이 철컥하고 열렸다. 경찰 두 명이 들어왔다. 나는 심장이 가슴안에서 쿵 떨어지는 소리를 들었다. '아침이다. 이제 데려가는 건가.' 그때였다.

"나와라."

바깥에서, 작게 떨리는 여자의 목소리. 어머니였다. 그 작은 여자, 내 어머니가—내 앞에 서 있었다. 나는 그 순간의 어머니 얼굴을 평생 잊지 못한다. 피곤과 공포와 절망이 뒤섞인 얼굴. 그 얼굴에 묻은 눈물 자국. 경찰은 뭘 받았는지 모르게, 주머니를 툭툭 두드리며 인심 쓰듯 말했다.

"데리고 가요. 다시 문제 일으키면 그땐 진짜로 보내버릴 거니까."

나중에 알았다. 어머니가 경찰에게 오만 원을 쥐여준 사실을. 그 시절 오만 원이면 어머니가 한 달 내내 새벽부터 밤까지 일해도 만져보지 못할 돈이었다. 나는 풀려났다. 한 번의 싸움으로 끝날 일이라고 생각했지만, 나중에 직업 훈련원에서 다시 한번 사실을 확인할 수 있었다. 경찰 친구가 있다던 어떤 형이 말했다.

"야, 너 그날 진짜 삼청교육대로 갈 예정 명단에 올랐었더라. 거기 갔으면 지금 너 여기 없어."

그 말이 등에 박혔다. 가볍게 들리지 않았다. 실감도 났다. 그날 밤, 나는 정말 사라질 뻔했다. 어머니는 항상 그랬다. 내 인생이 절벽 끝에 서 있을 때, 자신의 살점을 떼어내 발밑에 깔아주었다. 그날 어머니는 나를 또 한 번 살려냈다.

직업 훈련원

삼청교육대 위기에서 벗어난 뒤, 나는 신문에서 직업 훈련원 모집공고를 보았다. 용접. 일 년 과정. 나는 그것을 붙잡았다. 마음속 깊은 곳에서는 늘 뭔가를 배우고 싶다는 생각이 있었다. 어린 시절 신문팔이를 하며 살아남기 위해 몸으로 부딪쳐 일해왔고, 군대를 다녀온 뒤에도 내게는 '기술' 하나가 필요하다는 것을 절감했다. 실습은 자신 있었다. 손으로 하는 일은 남들보다 빨랐고 눈치도 빨랐다. 하지만 이론 공부는 도무지 머리에 들어오지 않았다. 세상이 요구하는 자격증들—용접, 소방, 산업안전 같은 전문 자격증 하나만 있어도 취업이 수월해지던 시대였다. 나 역시 그걸 알고 있었다.

직업 훈련원이 있는 원주로 향했다. 어머니에게 받은 건 차비뿐. 그리고 빈 지갑. 먹을 것도 없었다. 원주에 도착하자마자 고민이 밀려왔다. 잘 곳도, 먹을 것도 없었다 어릴 적 자전거포에서 일했던 기억이 떠올라 원주 시내의 자전거포들을 한 집 한 집 두드렸다. '먹고 잘 곳만 좀 부탁드립니다.' 수십 번 노크했고, 기대와 실망이 하루에도 몇 번씩 흔들렸다. 그러다 어떤 사장님이 나를 받아주셨다. 낡은 이층방, 창문 틈새로 찬바람이 들어오고, 바닥이 기울어진 조그만 방이었지만, 그날 먹은 뜨끈한 밥 한 그릇은 내겐 선물 같았다. 하지만 그마저 오래가지 못했다. 자전거포는 장사가 안 된다며 문을 닫았다. 사장님은 미안한 얼굴로 나를 염색 공장에 소개해 주었다.

　염색 공장은 색소 냄새가 하늘까지 스며 있는 곳이었다. 손톱 밑까지 스며든 파란 염료는 며칠을 씻어도 빠지지 않았다. 몸에 좋지 않은 환경이었지만 나는 그곳에서 하숙비 정도를 벌어 밤에는 훈련원으로 갔다. 낮에는 염색 공장에서 일하고, 밤에는 용접 실습을 배우기 위해 직업 훈련원으로 향했다. 훈련원은 국가에서 운영해 수강료는 필요 없었지만, 책값을 구할 돈은 내게 없었다. 무엇보다 어린 시절 공부를 거의 하지 못했던 탓에, 필기시험은 나를 번번이 좌절시켰다. 실습과 현장 작업은 누구보다 빠르게 익혔지만, 글자와 이론은 늘 벽처럼 앞을 가로막았다.

　내가 지낸 하숙집은 빈민촌의 구석이었다. 지붕 위로 고양이 울음이 돌아다니고, 비가 오면 방바닥이 축축해졌다. 그곳에서 사람들에게 휩쓸려 노름도 배웠다. 삶의 구석에 몰려 있던 사람들은 늘 무언가를 돌리고 있었다. 화투장이든, 돈이든, 운이든, 체념이든.

　그렇게 버티며 일 년 과정을 끝냈다. 필기시험은 떨어졌지만, 나는 실기 기능사 보조 자격증을 땄다. 당시에는 '기능사 보조' 자격증 하나만 있어도 작은 철공소에서 일감을 따오거나, 심지어 자격증을 빌려주고 돈을 받을 수도 있을 만큼 값어치가 있었다. 나는 그 자격증을 손에 쥐는 순간, 그걸로도 나는 충분히 살아남을 무기가 생겼다고 믿었다.

훈련을 마친 나는 또다시 갈 곳을 잃었다. 그래서 아주 자연스럽게 다시 어머니에게 돌아갔다. 묵호 하숙집. 작은 방문, 부두의 냄새, 익숙한 어둠. 몇 달을 쉬며 머리를 비웠다. 어머니와 함께 장을 보고, 바닷가를 걷고, 그녀의 손바닥을 잠시 붙잡는 그 짧은 순간들. 그것들이 내 삶의 유일한 숨통이었다. 어머니는 어느 날 또다시 말 없이 나를 한 공장으로 데리고 갔다. 조선소 계통의 철공소였다. 선반 기계들이 덜덜 떨며 돌아가고, 기름 냄새가 공장을 가득 채우고 있었다. 쇳조각들이 바람에 긁히는 소리가 들렸다. 나는 그 고철 냄새를 이상하게 좋아했다. 기계를 만지고, 쇠를 자르고, 손에 기름때가 까맣게 묻는 일. 그 모든 게 마치 내 삶을 '만져볼 수 있게' 해주는 것 같았다.

퇴근하고 돌아오면, 어머니는 내가 벗어놓은 기름 묻은 옷을 말 없이 빨았다. 그 손. 그 손등에 새겨진 화상 자국과 주름. 그것들이 나를 버려두지 않는 유일한 증거처럼 보였다. 그러나 그 공장도 오래가지 않았다. 기술자를 한두 명 남기고 모두 내보내는 바람에 나는 또다시 떠나야 했다. 새로 들어간 공장은 규모가 더 큰 조선 관련 업체였다. 나는 취부사 보조로 일했다. 쇳조각을 붙여 용접 전 형태를 만드는 일. 땀과 기름과 쇳녀가 뒤엉킨 세계. 힘든 일인데 돈은 적었다. 그래도 나는 기술자들의 손놀림 하나하나를 보며 또 다른 기술의 세계를 배웠다.

　나는 그때 알았다. 내 삶은 계속 부서지고 망가지면서도 어딘가로 또 흘러가고 있다는 것. 기술 하나를 배우면 그 기술이 나를 다음 문으로 데려가고, 무너진 자리마다 어머니의 손이 항상 한 번은 나를 붙잡아 주었다는 것을.

"

나는 언제나 어둠 속에서 불꽃을 먼저 봤다.

용접면을 쓰면 세상은 사라지고,

오직 내 손끝에서 타오르는 한 점의 빛만 남았다.

끊어진 쇠를 붙이듯

부서진 하루를 이어 붙이며 버티고 버텼다.

그 불꽃이 사라지지 않는 동안,

나도 사라지지 않을 수 있었다.

"

어둠 속의 작은 불빛

처음이자 마지막이었던 '내' 공장

어릴 때부터 나는 늘 '살아남는 법'만 배웠다. 숨 쉬는 법, 배고 픔을 견디는 법, 돈이 없다는 사실을 받아들이는 법. 포부는 언제 나 그 배고픔 뒤로 밀렸다. 배고픔이 먼저였고, 집세가 먼저였고, 오 늘 저녁이 먼저였다. 내일은 없었다. 그래도 가난은 내 꿈을 죽이지 못했다. 어딘가 깊은 곳에서 조그만 불씨가 오래 타고 있었다. 이십 대 초반부터 나는 늘 '내 사업을 해야 한다'고 되뇌었다. 아무도 듣 지 않는 속삭임으로. 어린 시절 어디에서도 누가 내 미래를 물어준 적은 없었다. 하지만 이상하게도 나는 스스로에게 자주 되물었다.

"나는… 어디까지 갈 수 있을까?"

"언젠가… 내 공장을 차릴 수 있을까?"

그 질문은, 장작불처럼, 땔감이 없어도 꺼지지 않고 어둠 속에서 오래 타올랐다. 결국 나는 사촌 동생들과 함께 경기도 군포에 내려가 공장을 차렸다. 아무도 믿어주지 않았지만, 어린 마음 속 깊은 곳에서는 그날이 '출발점'이라고 믿고 싶었다. 비로소 내가 내 인생의 핸들을 잡는 순간이라고.

그 시절, 주공아파트가 전국에 우후죽순처럼 올라가던 때였다. 건물의 외장—섀시, 발코니, 조명— 그 모든 것이 '개인 기술자'의 손에서 만들어졌다. 기술이 곧 시장이었고, 몸이 곧 돈이었다. 우리는 알루미늄 샷시 공장을 열었다. 작은 공장이었지만 내게는 세계의 절반을 손에 넣은 것처럼 보였다. 아침이면 공장 문을 열고, 쇳가루 냄새를 들이마셨다. 알루미늄을 자르고, 프레임을 구부리고, 유리와 고무 패킹을 맞추며 나는 마치 내 손끝에서 새로운 건물의 '형태'를 만들어내는 기분을 느꼈다. 그 순간은 짧았다. 하지만 황홀했다. 그리고 현실은 잔인했다.

세상은 기술만 있다고 돌아가지 않았다. 섀시를 주부들에게 팔아야 했다. 문 하나, 창 하나를 바꾸려면 집 안의 숨결과 생활 패턴까지 함께 건드려야 했다. 주부들은 냄새를 맡고, 톤을 듣고, 기분을 느끼는 사람들이다. 나는 그것을 몰랐다. 나는 기술자였다. 그러나 영업은 기술이 아니라 감정이었다. 웃음, 말투, 분위기, 집 분위기, 신뢰. 그 모든 것을 나는 배운 적이 없었다. 세상의 바닥에서만 살았던 삶은 이런 순간마다 잔인할 만큼 분명해졌다. 나는 문을 두드렸고, 거절을 들었고, 또 문을 두드렸다.

그러던 사이에 이해와 오해가 뒤엉켰다. 동업자들 사이에서 작은 일 하나가 큰 감정으로 번졌다. 서로가 내뱉은 말 한마디, 한마디가 쌓였다. 피로가 쌓였고, 오해가 쌓였다. 하나둘 떠났다. 하나둘 등을 돌렸다. 결국 공장엔 나 혼자 남았다.

파산

남겨진 건 기계 몇 대, 알루미늄 조각, 잘려나간 섀시 프레임들, 그리고 감당하기 버거운 빚뿐이었다. 그 모든 잔해가 한날한시에 패배라는 이름으로 나를 덮쳐왔다. 나는 공장을 헐값에 넘겼다. 말 그대로 헐값. 땀과 손끝과 희망이 기름때처럼 눌어붙어 있던 그 공간이 순식간에 고물상 가격으로 매겨졌다.

트럭 위로 기계들이 하나둘 실려 나갔다. 드르륵— 거친 쇠바퀴 소리와 함께. 기계가 움직일 때마다 마치 내 갈빗대에서 금속이 뜯겨 나가는 듯한 날카로운 통증이 들렸다. 나는 아무 말도 하지 못했다. 입은 열리지 못했고, 혀는 돌처럼 굳어 있었고, 목구멍에서는 어떤 말도 올라오지 않았다. 그러나 가슴 속에서는 온몸을 갈라놓는 소리가 뚜렷했다. 찰칵—철컥— 무엇인가가 부서지고, 빚으로 떨어지고, 과거로 밀려가는 소리.

　그게 나의 첫 공장이었고, 내 생애 첫 번째 도전이었고, 한편으로는 내 생애 가장 명확한 '패배'였다. 남은 건 아무것도 없었다. 아니, 있었다. 빚. 그리고 그 빚의 그림자. 나는 여동생에게까지 손을 벌려 돈을 빌렸다. 입술이 타들어 갈 듯 뜨거웠다. 형이라는 자리가, 오빠라는 자리가, 그 순간에는 돌처럼 무거웠다. 부끄러움. 절망. 고독. 세 가지 감정이 같은 무게로 어깨에 내려앉았다. 공장에서 쇳덩이를 들던 어깨보다 더 무겁고, 더 깊게 파고들었다.

　밤이면 나는 하숙집 문고리를 붙들고 한참 서 있었다. 그 삐걱대는 문고리가 스스로 문을 닫지 못하던 내 공장 문과 겹쳤다. 그때 깨달았다. 세상을 향해 열려 있던 문이 아니라, 내 안에서 무너져 내리던 문이 있었다는 걸. 나에게는 너무 많은 것이 부족했고, 너무 많은 것이 흩어졌고, 너무 많은 것이 나에게서 빠져나가 버렸다. 어떤 날은 마치 몸이 텅 빈 깡통 같았다. 두드리면 통통 울릴 것 같았다. 그럼에도—진짜 이상하게도— 불씨는 꺼지지 않았다.

　내 안 어딘가 깊은 곳, 어릴 적 구두 한 켤레도 가지지 못했던 그 시절부터 가슴에 꼭꼭 숨겨둔 그 '작은 불씨'는 완전히 꺼지지 않았다. 공장은 무너졌고, 돈은 사라졌고, 동업자는 떠났지만, 세상이 끝난 건 아니었다. 나는 끝이라는 말을 믿지 않는 사람이었다. 끝이라

　　　　　　　　　　　　　　　　3. 어둠 끝에서 다시 한 걸음

는 말에 항상 '다시'를 덧붙이는 사람이었다. 그래서 나는 또 생각했다. 할 수 없다고 말하는 대신, 나는 혼잣말처럼 되뇌었다.

'나는 또다시 시작하면 된다.'
'나는 늘 무너진 자리에서 시작해 왔으니까.'

그 문장을 되뇌는 동안 어둠은 조금 물러났고, 내 발밑의 그림자는 조금 더 짧아졌다. 그리고 나는—또 한 번, 다시 시작할 준비를 했다.

1984년 여름, 거제

다시 공장으로 들어갔다. 일을 해야만 했다. 나는 받은 월급으로 전부 빚을 갚으며 빈손으로 살았다. 그해의 공기는 유난히 무거웠다. 강원도 공장 마당엔 늘 쇳가루 냄새가 배어있었다. 그 냄새를 들이마시며 하루를 버텼다. 지독한 향. 쇠와 땀과 절망이 뒤섞인, 고약하지만 싫지 않은 냄새. 어느 날 친구가 말했다.

"거제도로 가자."

단 한 문장이었다. 그 한 문장이 벽을 열었다. 나는 오래전부터 새로운 곳을 갈망하고 있었다. 힘들었기 때문이었겠지만, 내 현실을 벗어나서 어디로든 도망치고 싶었다. 도전이라는 말보다, 도망이라는 단어가 더 솔직한 말일지도 몰랐다. 그곳이 어디였는지는 중요하지 않았지만, '거제도'라는 말은 새로운 느낌을 주기에 충분했다. 우리는 어느 날 말없이 공장을 빠져나왔다. 도망치듯 공장 뒤편 샛길로, 아무도 보지 않는 틈으로 몸을 숨겼다. 하늘은 흐렸고, 바람은 싸늘했다.

우리가 향한 곳은 거제. 친구의 말로는 그곳에 친척이 있어 '잘데는 있을 거'라고 했다. 우리는 동해—포항—부산을 지나, 버스를 몇 번이나 갈아탔다. 밤은 진작에 꺼졌고 운전석의 희미한 불이 버스 안에 비수처럼 꽂혀 있었다. 밤 열한 시가 넘어서야 거제 연초면 죽도 양지마을에 도착했다. 강원도보다 더 꼬불거리고, 더 깜깜하고, 더 적막한 길이었다. 가방 하나와 공장에서 물들어버린 작업복이 우리가 가진 전부였다.

대우조선. 다음 날 새벽, 우리는 대우조선 서문 앞에 섰다. 출근 시간은 일곱 시 전후였는데 그 시간에 맞춰 몰려드는 사람들은 마치 파도처럼 끝도 없이 밀려왔다. 한 사람, 또 한 사람. 수백 명의 그림자들이 어둠 속에서 걸어 나왔다. 나는 압도되었다. 그동안 다녀왔던 공장들하고는 차원이 달랐다. 이 거대한 흐름 속에서 내 삶의 방향이 바뀔 거라는 막연한 예감이 밀려왔다.

    3. 어둠 끝에서 다시 한 걸음

　친구의 친척 덕분인지 우리는 이력서를 써서 제출하라고 안내받았다. 문제는 친구가 글을 못 썼다는 것이다. 나에게 늘 '자기가 형'이라고 말했지만, 신분증을 보니 나와 동갑이었다. 그는 종이를 앞에 두고 불안하게 손을 떨었다. 나는 그를 대신해 이력서를 써줬다. 그 순간 묘하게 기분이 이상했다. 나는 글을 쓰는 사람, 그는 쓰지 못하는 사람. 이 단순한 차이가 우리를 어디론가 끝없이 갈라놓는 것 같았다.

　이력서를 낸 지 한 시간도 지나지 않아, 우리는 바로 입사 통보를 받았다. 공구를 지급받고 곧바로 일할 곳으로 배치됐다. 숨 쉴 틈조차 없었다. 우리는 조립 2부. 배의 중앙 블록. 쇳덩어리를 용접해 하나의 거대한 몸체를 만드는 곳. 용접봉이 튀고, 불꽃이 스치고, 밤의 냄새 같은 금속 냄새가 폐까지 가득 찼다. 밤에는 기숙사로 들어갔다. 조선소에 들어갔지만, 문제는 따로 있었다. 바로 숙소가 문제였다. 친구는 연초에 방을 얻어 가족과 살았다. 그에게는 '잘 데'가 있었지만, 나는 제대로 잘 수 없는 숙소에서 고통을 겪었다. 열 명의 호흡, 열 명의 냄새. 협력업체 기숙사는 방 하나에 열 명 넘게 들어가 살았다. 비좁은 침대 몇 개, 그리고 바닥. 나는 바닥 사람이었다. 잠들면 온몸에 사람들의 체취와 땀 냄새가 내려앉았다. 새벽 여섯 시, 눈을 뜨면 한밤의 냄새가 몸에 배어있었다.

조선소의 긴 하루

용접, 나는 늘 가장 어려운 자리에서 버둥거렸다. 조선소 일은 내가 강원도에서 익힌 용접과는 매우 달랐다. 이곳의 용접은 정밀했고, 단단했고, 속도가 필요했다. 나는 버벅거렸다. 몸이 따라가지 않았다. 더군다나 용접할 수 있는 공간이 나오지 않았다. 너무 좁아서 자세조차 잡을 수 없는 곳. 고개를 움직이기도, 팔을 자유롭게 움직이기도 힘든 곳에서 용접을 하기도 했다. 다른 사람들은 하루에 일 미터를 용접했다. 나는 그 삼십 퍼센트도 겨우 채웠다.

배에는 고립된 공간, 위험한 공간이 많았다. 용접을 위해 필요한 장비와 도구들도 많았다. 우리는 온몸을 안전 장비로 감싸고 일했다. 남들이 입는 옷을 그대로 입고, 그 위에 가죽으로 만든 두꺼운 옷을 더 입어야 했다. 옷 자체가 무거웠다. 발에도 두꺼운 각반을 두르고, 손에는 피장갑을 껴야만 했다. 그 무거운 복장을 하고, 개인 공구 통을 들고 배 곳곳을 옮겨 다니며 용접했다.

그것만이 아니다. 용접 케이블과 그라인더를 사용하기 위한 케이블까지 같이 끌고 다녀야 했다. 조선소 배에서 일해보지 않은 사람에게는 설명조차 힘들다. 예를 들어, 아파트 칠 층 어느 집 화장실에서 무거운 호스를 수도꼭지에 꽂고 아주 길게 말린 호스를 들고, 집 밖으로 나간다. 계단을 통해 십 층까지 올라간다. 십 층에 올

   3. 어둠 끝에서 다시 한 걸음

라가면, 아래로 내려가는 수직 사다리가 있다. 공구통과 용접기를 끈으로 묶어 아래로 내린다. 그렇게 내려간 구석의 한쪽 방에 가서야 용접을 할 수 있는 곳이 나온다. 그곳까지 내가 사용할 작업 공구는 물론, 무지하게 무거운 용접 케이블과 그라인더를 사용하기 위한 케이블까지 끌고 올라갔다가 다시 내려가야 하는 것이다.

밀폐된 공간도 많다. 사람의 등판만 한 구멍이 있으면 그곳을 여러 번 통과해서 배 바닥까지 내려가기도 하고, 또 엔진룸 옆에 수많은 탱크 속으로 기어들어 가야 한다. 작업을 준비하는 것만으로도 진이 빠진다. 그래도 작업을 시작하면 좋았다. 작업등도 밝히지 못하는 컴컴한 곳에서 혼자서 커다란 배의 한 부분을 맞춰가고 있다고 생각하면 흐뭇하기도 했다. 그 시절 나는 용접면을 쓰고 세상을 보았다. 용접면을 쓰면 온통 깜깜한 어둠 속에서 오직 내 손끝에서 타오르는 불빛만이 보였다. 다른 것은 아무것도 보이지 않았다. 그 불빛을 보며 단지 한 걸음씩만, 단 하루만 버티고 살기로 하였다. 그렇게 한 걸음씩만 앞으로 내디디며 살았다.

그 와중에도 친구는 반장에게 술을 사고, 밥을 사고 여기저기 애교를 부렸다. 결과는 뻔했다. 가장 힘든 일, 가장 위험한 일, 가장 욕먹는 일은 내 몫이었다. 나는 묵묵히 버텼다. 이를 악물고. 팔 개월. 아니, 거의 일 년을 버티고 참으며 일에 집중했다. 나는 불꽃과 쇳가루와 욕설 속에서 하루하루를 쌓아 나갔다. 조선소의 하루하루는 끝나지 않을 것처럼 길기만 했지만, 일 년은 금세 지나갔다.

또 한 번의 이별

거제도에 내려온 지 얼마 지나지 않아, 강원도에서 알던 여자가 불쑥 나를 찾아왔다. 딱 한 번 편지를 쓴 적이 있었다. 어느 날, 양지 마을의 먼지 냄새 나는 골목 끝에 그녀가 서 있었다. 허름한 여행 가방 하나. 기름 냄새가 밴 바람 속에서 그녀의 얼굴이 어딘가 지쳐 보였다. 특별한 감정은 솔직히 없었다. 사랑도 아니었고, 설렘도 아니었다. 다만 서로의 외로움이 같은 냄새를 풍기고 있었고 그 외로움이 우리를 조용히 같은 방으로 밀어 넣었다. 두 사람의 인생이 휘청이는 타이밍이 이상하게도 정확히 맞아떨어졌다.

양지마을에 작은 방을 얻었다. 방이라기보다, 눅눅한 장판 냄새와 습기 찬 벽지가 무겁게 늘어진 공간 한 조각이었다. 하지만 우리는 그 좁고 낡은 방을 잠시 '우리의 자리'처럼 느꼈다. 밤이면 그녀는 피곤한 얼굴로 내 옆에 드러누웠고, 나는 오래된 형광등 불빛 아래 서로의 숨소리가 가까워지는 걸 느꼈다. 그녀가 벽을 보고 누우면 나는 그녀의 등을 보며 잠이 들었다. 사랑은 아니었지만, 어딘가 따뜻했다. 누군가의 체온이 있다는 사실만으로도 삶이 덜 흔들리는 순간들이 있었다.

하지만 그 온기는 오래가지 않았다. 그녀는 마을 사람들의 말에 너무 쉽게, 너무 거칠게 반응했다. 입에 담지 않아도 될 말들을 쉽게 꺼냈고, 친구의 친척 부인들에게도 마치 싸움을 걸듯 굴었다. 작은 방에서 시작된 균열이 골목으로 번졌다. 골목에서 커진 균열이 결국 내게로 흘러왔다. 나는 그녀에게 화를 냈고, 그녀는 나에게 소리쳤고 우리는 서로의 삶에 깊은 긁힘을 남겼다. 서로를 이해할 만큼의 마음도, 부둥켜안을 만큼의 여유도 그때의 우리는 갖고 있지 못했다. 그저 두 사람의 상처가 좁은 방 안에서 마주치고 부딪혔을 뿐이다.

결국 그녀는 어느 날 말도 없이 떠났다. 연체된 월세와 허름한 살림살이와 습기 찬 방의 냄새를 남겨둔 채. 문이 닫히는 소리마저 이상할 만큼 가벼웠다. 그 방에 남은 건 나뿐이었다. 그녀가 남긴 그림자도 웅크린 체온도 어느새 사라졌다. 겨울바람이 스며드는 창문 틈 사이로 나는 그때 처음 깨달았다. 둘이 만든 방이었지만 끝은 언제나 혼자라는 것을.

기숙사로 돌아간 밤, 나는 또 한 번 '혼자'였다. 다시 기숙사. 다시 바닥. 다시 열 명의 불빛 없는 호흡 속. 월급날이면 돈이 사라졌다. 나는 처음엔 사람들을 의심했고, 나중엔 돈을 비닐봉지에 넣어 숨겨두었다. 그리고 그조차 사라졌다. 술 취한 동료들이 새벽에 들어와 내 얼굴을 툭툭 건드렸다. 잠을 깨우고 내 존재를 비웃듯. 나는 그 자리에서 견딜 수가 없었다. 공장이 아닌 이 기숙사 방에서 무너질 것만 같았다. 일주일도 못 버티고 나는 옥포의 새로운 하숙집으로 옮겼다.

새 하숙집의 주인은 나와 동갑인 여성이었다. 그녀는 교회에서 활동했고, 그녀의 남편은 나보다 한 살 많았다. 이미 어린아이까지 있었다. 나는 그들의 신혼집 한쪽 작은 방을 얻었다. 옥포의 기숙사는 회사와 가까워 숨이 조금 덜 찼다. 식사는 대부분 회사에서 먹거나 다른 모임에서 해결했지만, 하숙비는 꼬박꼬박 냈다.

그 집의 어린 딸은 똑똑한 아이였다. 순하고 조심성이 있었다. 그 아이를 보면서 내 어린 시절이 순식간에 떠올랐다. 나는 왜 그 시절 배울 기회조차 없었을까? 가슴이 툭 내려앉았다. 그러던 어느 날, 하숙집 남편이 자신의 책이 훼손됐다며 화를 냈다. 나는 아니었다. 나는 그 모습을 보며 깨달았다. 집이란 곳은 벽과 담이 아니라 관계로 이루어져 있다는 것을. 그리고 나는 어디에서도 '관계의 중심'이 되어본 적이 없다는 것을.

"

사람을 만날 때마다

마음 한 조각이 흔들렸다.

어떤 인연은 조용히 스며들었고,

어떤 인연은 말 한마디 없이 사라졌다.

붙잡고 싶어도 닿지 못한 순간들 속에서

나는 조금씩 늙어가며

사랑이라는 것이

얼마나 쉽게 멀어지는지 배워갔다.

"

사라지는 마음의 자리

독기와 오기, 그리고 무기

협력업체가 파산했다. 그날은 유독 바람이 거칠었다. 철판 냄새와 기름 냄새 사이로 사람들이 하나둘 흩어졌다. 나는 방황했고, 불안했고, 그 틈으로 '정식 직원 채용 시험'이라는 말이 들어왔다. 모든 게 무너지는 듯한 시기에 단 하나의 좁은 문이 열린 것이었다. 이력서를 쓰기 위해 앉아 있을 때 손이 떨렸다. 용접 기술서를 붙잡고 밤을 새워가며 공부했던 적은 한 번도 없었지만, 내 손끝은 이미 수천 번의 불꽃을 버티며 자연스럽게 기술자의 모양을 닮아 있었다.

나와 함께 거제도로 내려왔던 친구도 시험을 봤다. 나를 배신했고, 나를 곤경에 빠뜨렸고, 동거녀 문제로 마을 사람들 앞에서 나를 우습게 만들었던 그 친구였다. 둘 다 합격했다. 우리는 한 반에 배치되었다. 아이러니였다. 참 잔인한 운명이었다. 하지만 그 순간부터 새로운 싸움이 시작되었다.

그는 나를 멀리했다. 아니, 정확히 말하면 나를 짓밟았다. 그 방식은 그 주변의 세 명, 네 명 정도 되는 무리까지 나를 밀어내는 것이었다. 방식은 교묘했다. 쉬는 시간에 사람이 모여 있으면, 내가 다가가는 순간 그들은 슬쩍 흩어졌다. 내가 앉으면 자리를 옮겼고, 내가 말을 걸면 짧은 대답 두어 마디 뒤에 고개를 돌렸다. 마치 나는 그 공간에 없는 사람처럼 취급되었다. 직접적으로 때리거나 욕하는 일은 없었다. 그들은 교묘하게 영리했다. 뒤에서 조용히 소문을 흘렸다.

"저 새끼, 원래 문제 많았대."
"강원도에서 사고 치고 다녔다더라."
"성격이 워낙 뒤틀렸대, 건들면 바로 폭발한대."
"동거녀랑 뭐가 어쩌고… 원래 좀 이상한 놈이래."

그들은 나를 '문제 있는 사람'으로 만들고, 다른 사람들의 마음을 조금씩 돌려놓았다. 어느 순간 나는 작업장 한복판에서 완전히 혼자가 되어 있었다. 나는 어둠 속에서 혼자 일하고, 혼자 밥을 먹고, 혼자 불길을 받아냈다. 모두가 내게서 등을 돌렸다. 어떤 날은 내 그림자조차 나를 피하는 것 같았다. 그런데 고립은 여기서 끝이 아니었다. 그 무리는 공개적인 따돌림도 서슴지 않았다. 식당에서 다른 사람들 앞에서 나를 비웃고, 작업 중에는 위쪽에서 일부러 쇳가루를 털어 떨어뜨리고, 지나가는 척하며 공구를 내가 선 자리 근처로 던지기도 했다. 그들의 비웃음 속에 나는 더 깊이 고립되었다.

어느 날이었다. 드디어 올 것이 왔다. 그놈은 그날도 날 따돌렸고, 그 패거리들과 함께 모욕을 주기 시작했다. 그날도 나는 묵묵히 일하고 있었다. 그들이 나를 비웃는 소리가 노골적이었다. 나는 모른 척하고 자재를 들고 그들 곁을 지나고 있었다. 그때 그 패거리 중에 한 사람이 내 발을 걸었다. 나는 자재를 어깨에 멘 상태로 넘어졌다. 자재가 흩어지고 나는 아주 볼썽사나운 모습으로 나뒹굴었다. 사방에서 노골적으로 큰소리로 웃기 시작했다. 그때 내 인내의 끈이 끊어졌다. 난 그들을 노려보면서 있는 대로 욕을 하며 공구를 들고 휘둘렀다.

"이 씨발 놈들, 오늘 니들 다 뒤졌다. 다 덤벼. 이 병신 놈들"

내가 악다구니를 쓰며 쇠뭉치를 휘두르자, 그들은 뒤로 물러나기 시작했다. 난 오늘 죽어도 좋다는 마음으로 그동안의 모든 화를 쏟아내었다. "한 놈만 걸려라, 죽여버릴 테니" 하면서 공구를 휘두르자 다들 도망가 버렸다. 그 이후 그들은 내게 빈정거리지 못했다.

나는 체격이 왜소하다. 남들보다 힘도 약하다. 그들은 그 약함을 정확히 찾아냈다. 약한 사람에게만 향하는 그 이상한 잔인함. 별것 아닌 몸짓에도 놀라며 움찔하는 내 반응을 보며 그들은 더 대담

3. 어둠 끝에서 다시 한 걸음

해졌고, 더 함부로 굴었다. 그 가벼운 팔꿈치 밀침, 헛기침처럼 던지는 모욕, 등 뒤에서 슬쩍 내뱉는 웃음— 모두가 '너는 건드려도 되는 놈'이라는 표시였다. 그걸 견뎌야 한다는 사실이 도리어 나를 더 수치스럽게 만들었다.

그때 이상한 것이 하나 생겼다. 독기. 오기. '오 년만 버틴다. 무슨 일이 있어도 버틴다.' 나는 마음속으로 그렇게 되뇌었다. 언제든 맞설 준비를 하려고 주머니에 늘 '무기'를 들고 다녔다. 싸움이 터지면 도망치지 않을 준비. 하지만 직접 싸움으로 번지지 않도록, 문제가 생기면 항상 반장에게 가서 나와 그 무리를 분리해달라고 요구했다. 그러나 반장은 나를 보호해주지 않았다. 오히려, 내가 작다는 이유로 한 사람이 겨우 들어갈 만한 좁고 밀폐된 공간, 즉 작업자들이 가장 기피하는 장소로만 나를 보냈다. 그 당시에는 제대로 된 보호 장비도 없었다. 그 안은 용접 연기와 독한 가스가 가득했다. 숨을 쉴 때마다 어지러웠다. 일하는 동안 계속 가래가 올라왔고, 머리가 아프고, 눈이 따가웠다.

그럼에도 불구하고 나는 이상하게도 그 좁고 어두운 공간에서 편안함을 느꼈다. 그곳에서는 아무도 나를 건드릴 수 없었기 때문이다. 나를 괴롭히는 무리도 없었고, 불편한 시선도 없었다. 하지만 매연과 가스를 들이마신 시간들은 결국 내 몸을 천천히 갉아먹고 있었다.

추락하지 않기 위한 버팀

협력업체 반장은 나에게 단 한 번도 '좋은 일'을 준 적이 없었다. 언제나 가장 까다로운 작업, 가장 손이 많이 가는 작업, 가장 욕먹는 작업만 내게 돌렸다. 처음엔 억울함이 앞섰다. 용접봉 끝이 떨렸고, 불꽃이 튀어 손등이 데일 때면 숨이 턱 막혔다. 하지만 나는 묵묵히 버텼다. 그리고 그 버팀에는 분명 한 줌의 '복수심'이 섞여 있었다. 나를 버린 사람들. 나를 깔아뭉갠 사람들. 나를 없는 사람처럼 만든 세상. 모두에게 보여주고 싶었다.

"나는 부서지지 않는다."

나는 독기와 외로움, 그리고 유독한 가스 속에서 버티면서, 하루하루 몸이 망가지고 있다는 것을 느끼고 있었다. 정신도, 몸도 천천히 닳아가고 있었다. 그 시절의 나는 완전히 '막장 인생' 같았지만, 그럼에도 꺾이지 않았다. 살아남기 위해, 그리고 나 자신에게 나를 증명하기 위해.

그 고된 작업은 정식 직원 채용 시험의 '실기'에서 나를 살렸다. 정식 직원 시험에는 필기가 없었다. 오직 실기. 오직 용접. 그날, 수백 번의 버티기, 수천 번의 단련! 그 모든 날의 불꽃이 내 손끝에서 재현되었다. 처음엔 서툴렀던 고난도 용접이 어느새 나의 무기가

          3. 어둠 끝에서 다시 한 걸음

되어 있었다. 내 불꽃은 흔들리지 않았다. 내 손은 정확했다. 나는 붙었다. A급 바로 아래인 B급. 두 번째로 높은 시급. 팔백구십 원. 최고 등급 A급은 구백십 원. 그건 늘 반장과 어울려 다니던 친구의 몫이었다. 나는 드디어 '정식 직원'이 되었다. 한 회사의 이름을 정식으로 달게 된 것이다.

정식 직원이 된 후에도 싸움의 그림자는 사라지지 않았다. 친구는 월급이 적다며 일 년도 채 되지 않아 회사를 그만두었다. 하지만 그가 남긴 악의적 소문, 뒤틀린 인상, 나에 대한 의심은 오랫동안 작업장에 남았다. 그는 떠났지만, 그의 냄새는 남아 있었다. 사람들의 눈빛은 여전히 나를 살피고, 의심하고, 멀리했다. 나는 하루에도 몇 번씩 험한 자리에 끌려갔다. 고열의 작업, 좁은 틈, 위험한 위치는 모두 '내 자리'였다. 나는 모든 것을 혼자서 감당했다. 야근. 철야. 또 철야. 정신이 절반쯤 나간 상태로 불꽃을 붙잡았다.

불꽃을 돌리던 손목이 저릿했다. 그러나 그 어떤 순간에도 나는 물러서지 않았다. 왜냐하면 이 길 말고는 나를 어딘가에 '붙들어줄 길'이 아무 데도 없었기 때문이다. 그 뜨거운 시간이 나를 기술자로 만들었고 생계를 지탱해줄 손기술을 주었다. 세상이 한 번에 무너질 때마다 다시 일어날 수 있는 근력을 만들어주었다. 그때의 나는 미움받는 손이었지만 동시에 기술을 쥔 손이기도 했다. 그리고 그 손이 끝내 나를 살렸다.

그 시절을 돌아보면 그때 나는 누군가의 인정이 아니라 내 존재를 지키기 위해 버티고 있었다. 그것은 성장과 성공을 향한 버팀이 아니라 추락하지 않기 위한 버팀이었다. 심지어 나 자신에게조차 '버티는 중이다'라고 말하지 못할 만큼 신경이 곤두서 있었다. 뒤돌아보면, 사람보다 불꽃이 더 따뜻했고, 말보다 쇳소리가 더 진실했고, 동료보다 나 혼자 있는 시간이 더 안전했다.

만남과 이별

어머니는 오래전부터 내 결혼 문제에 마음을 놓지 못하셨다. 마을에서, 친척들 사이에서, 장가 못 간 남자들이 남기는 흔한 그림자들을 너무 많이 보았기 때문일 것이다. 그때의 어머니는 내가 가정을 이루기를 바라는 마음을 나에게 간절히 전하곤 하셨다. 가끔은 방바닥에 무릎을 꿇고 기도하셨고, 가끔은 절집 향내 묻힌 손으로 내 이마를 쓸어내시기도 했다.

"이번에는 꼭, 네 사람을 만나야 한다."

말은 짧았지만, 말끝엔 오래 묵은 염려가 달라붙어 있었다. 스물아홉. 서른셋. 서른넷. 나이를 먹어도 마음만은 제자리였다. 대우조선에서 철판을 들여다보는 시간이 늘어나던 어느 해, 퇴근길에 우

                              3. 어둠 끝에서 다시 한 걸음

연히 쇼윈도 유리 속 내 얼굴을 보았다. 그 순간 나는 멈췄다. 눈가가 꺼져 있었고, 턱선엔 무거운 피로가 붙어 있었고, 팔자 주름이 깊어지고, 입술 선은 조금씩 처지고 있었다.

‘아, 내가 늙어가고 있구나.’

그 메시지는 말보다도 더 날카롭게, 속을 파고들었다. 그러자 뒤늦게야 문득, 결혼이라는 단어가 마음속에서 바람처럼 서걱였다. 어머니는 그때부터 나를 교회로 몰아넣었다.

“교회 가면 아가씨들 많다더라. 거기가 훨씬 낫다.”

나는 어머니 손에 끌려 교회에 등록했고, 그제야 여자라는 존재를 다시 바라보게 됐다. 젊은 여자들이 싱긋 웃으며 인사할 때면, 나는 간혹 숨을 삼켰다. 말투가 예쁘면 마음이 흔들렸고, 눈빛이 따뜻하면 가슴이 묵직해졌다. 당시 나는 자주 선을 보았다. 그러나 선을 보면 늘 마음 한쪽이 웅크렸다.

‘이 분이 내 사람일까?’
‘아닌데… 뭔가 아니다…’

내가 가진 선입견 때문이었는지도 모른다. 체격, 말투, 외모 등

내가 지어놓은 기준의 울타리가 생각보다 높고 불편했다. 강릉의 어느 조용한 찻집에서 만났던 아가씨가 있다. 바람이 차가웠던 겨울날. 그녀는 작은 목소리로 자기 이야기를 들려줬다.

"부모님이 농사지으셔서… 저는 늘 바빴어요."

나는 그녀가 웃을 때마다 눈꼬리가 살짝 접히는 걸 기억한다. 다정해 보였다. 하지만 그 다정함 속으로 내가 걸어 들어갈 수 있을 만큼의 인연은 아니었다. 그날 헤어지고 돌아오는 기차 안에서 나는 창밖의 눈발을 보며 의미 모를 허탈함을 오래 붙잡고 있었다.

창원에서도 누군가를 만났었다. 어린이집 선생님. 그녀는 발걸음이 가벼웠고, 말끝에는 아직 젊은 사람 특유의 미숙한 열정이 남아 있었다. 몇 달간 데이트를 했다. 함께 식당에서 따끈한 찌개를 먹고, 영화를 보고, 늦은 밤 작은 공원을 산책하기도 했다. 그녀는 종종 내 손등을 가만히 바라보았다.

"영걸 씨 손은… 참 단단하네요."

나는 그 말이 이상하게 가슴까지 스며드는 걸 느꼈다. 그러나 끝은 조용했다. 어느 날, 그녀는 불쑥 말했다.

"우리… 조금 다른 것 같아요."

그 한마디에 나는 입술이 말라붙었다. 말은 이어지지 않았다. 그리고 마산. 그곳의 아가씨는 유독 오래 남는다. 나는 그녀를 만나기 위해 밤마다 택시를 탔다. 밤의 국도는 길었고, 택시 창문 너머 검은 풍경은 늘 비슷했지만, 나는 설렘 하나로 그 길을 버텼다.

"오늘도 먼 데서 오셨어요?"

그녀의 말투는 늘 어딘가 미안함이 묻어 있었다. 나는 마음을 다 주었다. 언젠가 문득, 마음을 표현하고 싶었다. 하지만 제대로 표현하지도 못한 채로 그녀는 돌아 서버렸다. 전화를 받지 않았고, 메시지도 남지 않았다. 한순간에 끊어진 인연. 나는 홀로 텅 빈 방에서 오래도록 빈 벽만 바라보았다.

첫사랑

가장 깊이 박힌 인연은 묵호의 아가씨였다. 묵호. 그 이름만으로도 바람 냄새가 떠오른다. 그녀는 산골에서 조용히 살아가는 사람이었다. 처음 마주했을 때, 나는 이상하리만큼 마음이 가라앉았다. 따뜻했다. 말투도, 눈빛도, 웃는 얼굴도. 통통하지도, 마르지도 않은 몸매. 고르게 빛나던 얼굴. 숨을 고르게 쉬는 사람처럼 안정적인 분위기. 그녀 앞에서는 내 심장이 괜히 빠르게 뛰었다.

"영걸 씨는… 참 조용한 사람이네요."

그녀가 그렇게 말했을 때, 나는 그 말이 칭찬처럼 들렸다. 나는 그녀와 함께 있을 때 시간이 천천히 흘렀다. 한번은 산골 작은 마을 길을 함께 걸었는데, 그녀는 길가의 풀잎을 하나 따서 손끝으로 문질렀다. 풀잎 향이 손등에 배었다. 나는 그 순간마저도 이상하게 오래 남았다. 그녀를 떠올리면 풀냄새가 앞서 떠오르는 이유도 그 때문일 것이다. 그녀는 내 꿈에도 자즈 나타났다. 목소리는 더 부드러웠고, 눈빛은 더 따스했다. 잠에서 깨면 괜히 가슴이 저릿했다. 그러나 그녀의 아버지는 단호했다.

"동성동본은 절대 안 된다."

그 말 한마디에 모든 것이 꺾였다. 나는 어떻게든 그녀와 결혼하고 싶었다. 하지만 그녀의 아버지 앞에서는 말이 이어지지 않았다. 결국 인연을 끊어야 했다. 그녀를 소개해 준 사람에게 "알겠습니다"라고 말했을 때, 마음이 아렸다. 나중에 동성동본도 결혼이 가능하다는 걸 알았지만, 이미 늦은 후였다. 그 사실을 들은 날, 나는 혼자 방에 앉아 한참 동안 벽만 바라고고 있었다. 심장이 땅 위에 떨어지는 느낌. 그녀는 여전히 마음속에서 천천히 돌아다녔다. 꿈속에서도 가끔 나타났고, 나는 며칠 동안 가슴 한켠이 결렸다. 그녀는 지금도 내게 설렘을 주고, 떨림을 주는 사람이다. 깊은 인연으로 이어지지 못했지만, 짧은 만남으로 영원히 남았다.

생각해 보면, 나는 항상 따뜻한 사람에게 끌렸다. 눈빛이 부드럽고, 말투가 조용하고, 목소리에 온기가 담긴 사람. 묵호라는 이름에 끌린 것도 어머니의 온기와 닮아 있었기 때문인지도 모르겠다. 그녀를 떠올리면 어머니의 손등, 떡메로 치던 부엌의 소리, 겨울 이불 속의 냄새가 함께 떠올랐다. 하지만 이 모든 관계는, 결국 결혼에 닿지 못했다. 내가 너무 조심스러웠던 탓인지, 세상이 나에게 일찍 선을 그어버린 건지, 아직도 잘 모르겠다. 다만 돌아보면—내 마음을 흔들었던 사람들은 모두 어디론가 사라지고, 나 혼자 그 자리에서 오래 서 있었다. 그렇게 내 청춘은 사랑 앞에서 늘 조금씩 빠르게 늙어갔다.

4화

기울어진 몸으로 버티는 삶의 자리

"

사랑이 아니라,

흐름이 나를 결혼으로 데려갔다.

서로의 마음은 멀었고,

방 안의 공기는 언제나 조용했다.

어머니의 손이 만든 길 위에서

나는 기댈 곳 없는

결혼의 무게를 천천히,

그리고 오래 견뎌야 했다.

"

억지로 맞물린 하루들

조급한 마음

서른다섯의 어느 저녁이었다. 조선소 탈의실에서 땀을 닦고, 형광등 아래 걸린 낡은 거울 앞에 섰다. 눅눅한 공기가 코를 찔렀고, 몸에서는 쇳가루 냄새가 배어 올라왔다. 그날, 거울 속의 내가 낯설었다. 피곤이 덕지덕지 붙어 있었고, 눈가에는 예상치 못한 잔주름이 번져 있었다. 턱선이 무너져 있었고, 웃을 때마다 입 양 끝이 굳어져 있었다.

"이건 아니다…."

입안에서 중얼거린 말이 그대로 식어버렸다. 그 순간, 마음 한편이 무너져 내렸다. 나는 늘 젊다고 생각했고, 아직 기회는 많다고 생각했는데—아니었다. 그때부터 이상하게 결혼이라는 단어가 머릿속에 기어들어 오기 시작했다. 어머니의 한숨, 주변 사람들의 눈

빛, 자꾸만 쌓여가는 세월. 모두가 나를 향해, 느린 칼날처럼 다가왔
다. 그래서 더 적극적으로 사람을 만나보기로 했다. 낯선 사람들과
억지 미소를 나누고, 어색한 질문들을 건네며, 마음에 드는 여자를
찾으려고 기를 썼다. 그러나 마음이 움직이지 않았다. 조급함과 허
무함이 뒤섞여 속만 쓰렸다. 그렇게 방황하던 어느 날, 외포리에 사
는 한 아가씨 얘기가 들려왔다. 당구장 하시는 분이 말했다.

"영걸 씨, 이번 분은 괜찮다. 한번 가봐."

그분에게 소개를 받고, 봉고차를 빌려 먼 길을 달렸다. 외포리로
가는 길은 울퉁불퉁했다. 해가 지려는 골짜기 아래로 어두운 바람
이 소용돌이쳤고, 길은 좁고 미끄러웠다. 운전대가 손바닥을 아프
게 눌렀다. 아가씨의 집에 도착했을 때, 집 안에는 생선 냄새와 검
은 연기가 가득했다. 부모님이 나를 반갑게 맞아 주었다.

"아이고, 멀리서 오느라 고생했지요."

나는 웃음을 흘리며 고개를 숙였지만, 가슴은 요동쳤다. 그때는
알지 못했다. 정작 중요한 건 부모님의 마음이 아니라, 아가씨의 마
음이라는 사실을. 아가씨는 조용했다. 내 시선을 피했다. 그 눈동자
에는 이미 답이 적혀 있었다. 부모님이 슬쩍 말했다. "우리 딸은 말
이죠… 학교 선생 아니면 시집 안 간다 하더라고요." 나는 그 말에

     4. 기울어진 몸으로 버티는 삶의 자리

잠시 얼어붙었다. 선생이 아니면 안 된다니. 그 기준은 나를 향한 거절이었다. 하지만 나는 그때 너무 조급했다. 어두워지는 외포리 길을 다시 돌아왔을 때, 생각이 점점 굳어졌다.

'그래도 해봐야 한다. 얘기라도 해야 한다.'

며칠 뒤, 나는 다시 그 길을 찾았다. 봉고차의 문을 열고 아가씨를 불렀다. 그리고 차 안에서, 무턱대고 고백을 쏟아냈다.

"저… 진지하게 한번 만나보고 싶습니다."

내 목소리는 떨렸다. 어둠과 바람 사이에서, 나는 거의 붙잡듯이 말을 했다. 하지만 그녀는 눈물만 흘렸다. 아무 말도 하지 않았다.

"왜 울어요? 왜 말을 안 해요? 듣기라도 해야죠…"

그 말이 채 끝나기도 전에, 그녀는 얼굴을 감싸고 울기만 했다. 내 말은 바람 속으로 녹아 사라졌다. 나는 한참을 설득했고, 목이 마르도록 애를 썼지만, 그녀의 대답은 울음뿐이었다. 그날 이후, 연락은 완전히 끊겼다. 내가 아마도 그 여자에게는 두려운 사람, 혹은 짜증나는 사람, 혹은 그냥 피하고 싶은 사람이었을 것이다. 그 사실을 인정하는 데 시간이 오래 걸렸다.

그때 하숙집 아주머니가 이상하리만큼 나에게 관심이 많았다. 내 얼굴을 보면, 꼭 무언가를 계획하는 사람처럼 눈을 가늘게 뜨고 나를 살폈다. 그러다 어느 날 말했다.

"그 아가씨… 교보생명 교육생으로 왔다더라. 내가 한번 데려와 볼게."

나는 의아했다.

"아주머니, 그분은 이제 끝났잖아요."
"아니야, 인연은 모르는 거야. 오늘 회사에서 조퇴해. 방 좀 정리해놨으니."

그 말투는 거의 명령이었다. 나는 어쩔 수 없이 조퇴했다. 숨을 헐떡이며 집으로 돌아왔다. 문을 열자, 아가씨가 뒤를 돌아보며 그대로 도망쳤다. 아무 말도 없이. 마치 나를 보자마자 몸이 먼저 거부 반응을 하는 것처럼. 그 장면이 이상하게 오래 박혔다. 아주머니는 계속 뭐라 떠들었지만, 나는 그 순간 깨달았다.

'아, 나는 이 여자에게 아무 매력도 없구나.'

그 단순한 사실이, 묘하게 오래 아팠다.

　　　　4. 기울어진 몸으로 버티는 삶의 자리

어색한 동침

그리고 어느 날, 정말 갑작스러운 일이 일어났다. 어머니가 거제도로 찾아온 것이다. 전화도 없이, 예고도 없이. 그냥, 어느 날. 내리는 햇빛이 묘하게 흐린 날이었다. 어머니는 손을 부르르 떨고 있었다.

"영걸아, 인사해라. 이 아가씨다."

나는 순간 멍해졌다. 아무 설명도 없이, 앞에 한 여자가 서 있었다. 현재의 아내. 그녀는 쑥스러운 얼굴로 고개를 들지 못했다. 나 역시 고개를 들지 못했다. 나는 속으로 중얼거렸다.

'왜 이런 짓을… 왜….'

어머니는 무당을 찾고, 절을 다니고, 누구에게든 소개를 부탁하고 있었다. 특히 거제도나 바닷가에는 결혼하지 못하고 혼자 사는 사람들이 많아서 어머니의 절박함이 더 컸었다. 그 절박함을 알고 있었지만, 이렇게까지 할 줄은 몰랐다.

"쓸데없는 행동 하지 말라니까…."

나는 짜증을 냈다. 숨이 턱 막혔다. 그러나 어머니는 이미 방 두

개를 잡아놓았고, 나를 그 방 중 하나로 떠밀어 넣었다. 아내도, 나도, 어머니의 손에 끌려 방에 집어 넣어진 것이다. 사방이 좁았다. 바람 한 줄기도 없었다. 나는 말이 나오지 않았다. 그날, 우리는 어쩔 수 없이 한 침대에 누웠다. 억지로 밀려 들어간 동침. 그 어색하고 차가운 순간이 지금도 뼛속에 남아있다.

그때 결혼이 정해졌다. 사랑도 아니었고, 설렘도 아니었다. 어머니의 손. 그 절박함이 만든 길이었다. 나는 따라갔다. 아내는 침묵했다. 모두가 그날 무엇인가를 잃어버렸다.

결혼식 날짜를 잡으려고 처음 처가에 갔을 때 나는 입을 다물 수가 없었다. 집은 뒤죽박죽이었다. 마당에 개똥이 널려 있었다. 흙바닥은 젖어 있었고, 바람에 쓰레기가 나뒹굴고 있었다. 집 안으로 들어서자 먼지가 허공에서 춤을 추고 있었다. 방 안의 이불은 몇 년은 빨지 않은 듯한 냄새를 풍겼다. 기름때 묻은 솥, 바랜 쌀독, 부서진 의자.

"이게… 뭐지…."

나는 속으로만 중얼거렸다. 아내의 다섯 오빠. 여동생 하나. 그들의 얼굴엔 바닷바람이 미세하게 패여 있었다. 모두 어부로 고깃배를 타고 있었다. 저녁이 되자 술상이 차려졌다. 처남들이 술병을

　　　　　　　　　4. 기울어진 몸으로 버티는 삶의 자리

들고 왔다. 소주병도 아니고, 댓병. 한 사람씩 들이키기 시작했다. 나는 술을 못 마신다. 그런데 그들은 내 잔을 비울 틈을 주지 않았다.

"형님, 한 잔 더."
"형님, 마셔야지."

그 말이 반복될 때마다 심장이 쿵 내려앉았다. 목구멍이 타들어 갔다. 결국 나는 술에 쓰러졌다. 바닥인지 침대인지 모를 곳에 누워 정신을 잃었다. 그리고 눈을 떴을 때 아내가 내 옆에 누워있었다. 이렇게 얽히고, 그렇게 결혼했다. 돌이켜보면, 선택이 없었다. 그저 흐름에 밀려갔다. 그리고 그 흐름은 어느새 한 사람의 인생이 되어 있었다.

결혼

그 시절, 1990년대의 결혼 풍경은 지금보다 훨씬 요란하고, 훨씬 온 동네가 들썩이곤 했다. 함진아비가 얼굴에 분칠하고 함을 들고 신부 집 골목을 누비며 '함 사세요~ 함 받아요!' 우스꽝스러운 목소리를 내며 춤을 추던 풍경들. 아이들이 뒤따라가며 박수를 치고, 어른들은 웃으며 봉투를 내밀고. 신랑의 발바닥을 묶고, 몽둥이로 두들겼다. 그 현란함과 들뜬 흥겨움 속에서, 신랑과 신부는 아무 말

없이 서로를 바라보곤 했다. 결혼식 날이 되면 친척들은 버스를 빌려 단체로 움직였고, 한복에 턱시도, 구두, 폐백상까지 모두가 정해진 '모양'이 있었다. 결혼식장 입구에는 커다란 화환들이 줄지어 서 있었고, 갈비탕과 잡채 냄새가 식장 구석구석을 채웠다. 그게 당시의 '결혼식'이었다.

90년대의 신혼여행은 대부분 제주도나 여유가 있으면 동남아로 해외 여행을 떠났다. 버스 단체 사진, 펜션 앞에서 찍는 커다란 포즈. 맞춰 입은 커플 바람막이. 그것이 결혼의 완성처럼 여겨지던 시절이었다. 하지만 내 결혼은 그 모든 풍경에서 비켜나 있었다. 요란한 예식도 없었고, 함도, 축가도 없었다. 신혼여행도 없었다. 강원도에서 거제로 내려오는 길에 구경한 곳이 신혼여행지였다.

현란한 시대의 결혼 문화 한가운데 있으면서도, 우리는 그 어디에도 속하지 못했다. 그 시대의 '당연한 풍경'들이 우리에게는 사치였다. 집에 돌아와 결혼 비용 이야기를 들었을 때, 나는 그때의 시대적 풍경이 더욱 쓰라려졌다. 사람들은 말하곤 했다.

"결혼은 집안 대 집안이 해주는 거지."
"신부 집에서 예단, 신랑 집에서 예물."

하지만 우리에게는 그런 것들이 없었다. 예물, 예단, 예복, 결혼

　　　　　　　　　　4. 기울어진 몸으로 버티는 삶의 자리

식장 예약까지 어떤 도움도 없었다. 결혼 비용은 단 한 푼도 처가에서 나오지 않았다. 그 모든 걸 어머니 혼자 몰래 감당했다. 나에게조차 아무런 말도 없이. 신부가 결혼식장에 들어올 때 많은 사람이 눈물 흘렸다고 들었지만, 나는 어머니의 손등만 떠올랐다. 끓는 물에 데고, 기름 묻고, 평생 일을 해서 손톱조차 쉬이 부러지던 그 손. 그 손이 내 결혼을 떠받쳤다. 허리 굽은 몸으로, 없는 살림 뒤지고, 빚진 심정으로. 나는 그 사실을 결혼하고 한참 뒤에야 알았다. 그때 느낀 화는 단순한 분노가 아니었다. 얼굴이 화끈거리고 심장이 내려앉았다. 심장 깊숙한 곳에 날카로운 바늘이 찔러 들어오는 느낌이었다.

'왜… 왜 나한테 말도 안 했을까.'

서러움과 분노, 죄책감이 한꺼번에 목까지 올라왔다. 어머니는 늘 그랬다.

"네 인생 망치면 안 된다."

그 절박함이, 그 짐 하나가, 결국 또 어머니의 어깨 위에 얹혀 있었다. 나는 그 사실을 알면서도 침묵했고, 그 침묵이 오래도록 마음을 갉아먹었다. 어머니는 끝내 말하지 않았다. 말하면 내가 상처받을 것이란 걸 알고 있었던 것처럼.

기대 없는 삶

신혼여행은 가지 않았다. 미처 갈 여유도, 돈도 없었지만, 무엇보다 마음이 내키질 않았다. 강원도에서 결혼식을 치른 뒤, 바닷바람을 가르며 거제로 내려오는 길에 이곳저곳 바다를 보고, 국도변 식당에서 허름한 국밥 한 그릇 먹고 그게 전부였다. 우리가 부부가 되었다는 실감도 없었다. 그저 차가 앞으로 굴러가는 것처럼, 우리의 결혼도 앞으로 굴러가기만 했다.

그 당시의 아내는 조용했다. 내가 무슨 소리를 하면 "네" 하고 수그러들었다. 악의도, 열정도, 어떤 분명한 감정도 없는 얼굴. 마치 깊은 물속에서 오랜 시간 버텨온 사람처럼 입술은 닫혀 있고 눈빛은 흔들리지 않았다. 그래서인지 초반의 신혼은 마찰이 적었다. 좋아서가 아니었다. 둘 다 서로에게 기대가 없었기 때문이었다. 기대가 없으면 싸움도 없다. 화해도 없다. 그저, 하루가 흘러갈 뿐이다.

당시 나는 이미 집 한 채를 내 이름으로 마련한 상태였다. 꼬박꼬박 나오는 월급을 차곡차곡 모아서 작은 아파트 하나를 사 두었다. 그 아파트는 다른 사람들이 월세로 살고 있었다. 난 오직 믿을 거라고는 돈밖에 없다는 것을 분명히 알고 있었기에 안정된 직장 생활을 하게 된 이후 내 자산은 차근차근 늘어가고 있었다.

     4. 기울어진 몸으로 버티는 삶의 자리

결혼 후 거제에 도착하고서도 우리는 내가 마련해 둔 집에는 들어가지 못했다. 이유는 다른 사람이 월세를 살고 있었기 때문이었다. 난 하숙을 하고 있었기에 결국 월세방에서 신혼을 시작했다. 비록 좁은 방이었지만 정식으로 결혼한 아내와 함께한 새로운 출발이었다. 아내는 묵묵히 짐을 풀었다. 나는 문을 열어 젖히고, 바깥바람을 쐬며 숨을 몰아쉬었다. 결혼을 했지만 나는 아내에게 어떤 좋은 감정도 느낄 수 없었다.

'이게… 정말 내 결혼인가.'

그 질문이 밤마다 목 끝에 걸려 올라왔다. 마치 삼킨 돌멩이가 내려가지 못하고, 숨을 들이쉴 때마다 목젖을 긁어대는 것처럼, 그 의문은 하루도 나를 놓아주지 않았다. 그러나 이상하게도 나는 행복한 가정을 꾸리고 싶었다. 이 결혼이 나를 속이고 흔들어 놓았어도, 어머니의 절박함이 억지로 밀어 넣은 인연이라 해도, 나는 내 몫의 삶을 끝내 바로 세우고 싶었다. 그래서 마음을 누르기로 했다. 분노도, 실망도, 허탈도, 밤마다 밀려오는 회한의 파도도 다시 속으로 밀어 넣었다. 누군가에게 꺼내 말하기도 부끄러운 감정들이었고, 말한다고 달라질 것도 없다는 걸 너무 잘 알고 있었기 때문이다. 나는 나 자신에게 말했다.

"그래도… 그래도 잘 살아보자. 한번쯤은 따뜻한 집을 만들어

보자."

　나는 '가정'을 만들기 위해 애썼다. 짧은 월세방에서라도 작은
식탁 하나, 국 한 그릇이라도 따뜻함을 느끼게 해보고 싶었다. 아내
에게 주어지는 낯선 일상에 불만이 스며있는 것도 느껴졌지만 나
는 말하지 않았다. 말로 해결될 일도 아니었으니까.

　　　　　　　　　　　　4. 기울어진 몸으로 버티는 삶의 자리

좁은 방의 적막과

철판의 뜨거운 숨결 사이에서

나는 오래도록 한 사람의 자리를 지키려 애썼다.

말이 닿지 않는 집,

몸이 먼저 무너지는 작업장.

밖의 세계는 나를 시험했고,

안의 세계는 나를 혼자 두었다.

그럼에도 나는

작은 불빛 하나라도 꺼뜨리지 않으려

매일 같은 자리에서 묵묵히 버텼다.

그 버팀이, 때론 삶의 전부였다.

몸에 남은 노동의 기록

이상한 쓸쓸함

그날 이후 나는 부단히 노력했다. 새벽에 먼저 일어났다. 아내보다 일찍 일어나 찬물에 얼굴을 씻고, 작은 방의 불을 켜서 따뜻함을 먼저 만들었다. 그저 그런 형식이라도 갖춰놓으면 언젠가 마음도 따라오지 않을까…. 그 막연한 믿음 하나로 움직였다. 퇴근길에는 늘 무언가를 사 들고 들어갔다. 호떡 하나, 어묵 한 봉지, 붕어빵 한 봉지라도.

"이거 먹자."

말투는 어색했고, 손끝은 경직돼 있었지만, 나는 그렇게라도 무언가를 만들어보려 했다. 집 안에 들어가기 전, 문 손잡이를 잡고 숨을 한 번 크게 들이쉬는 게 습관이 됐다. 문을 열면 두 사람이 나를 쳐다보지 않는 기묘한 공기. 멈칫 있는 식탁의 시간. 서로의 기

 　　　　　　　　　　　4. 기울어진 몸으로 버티는 삶의 자리

척만 울리는 좁은 방. 그 묵직한 공기를 견디는 것도 '가정을 지키겠다'는 마음 때문이었다.

나는 더 부드럽게 말하려 노력했고, 불만을 삼키고, 처제의 상처 주는 말에도 대꾸하지 않으려 애썼다. 아내와 대화하려고 앉았다가도 그녀의 짧은 대답에 대화가 끊기면 잠시 침묵한 뒤 내 이야기를 조금 더 얹었다. 억지였지만, 그래도 '시도'였다. 밤이 깊어지면 혼자 방 한구석에 앉아 내가 해야 할 '남편의 모습'을 곱씹었다. 어떤 때는 문득 허무함이 목구멍까지 차올라 숨이 턱 막히기도 했다. 하지만 그때도 나는 다짐했다.

'그래도… 가정을 무너지게 하는 사람은 되지 말자.'

그렇게 나는 내 마음을 짓누르며 버티고, 내 감정을 스스로 다독이며 눌러살고, 매일 작은 역할들을 키워나가며 행복한 가정이라는 허상이라도 현실로 붙잡기 위해 애를 썼다. 그 애씀은 누가 봐주지 않았고, 누구에게 인정받지도 않았지만, 그 시절의 나는 그렇게 살 수밖에 없었다.

결혼 생활은 조용했지만, 조용함 속에 묘한 균열이 있었다. 나를 향한 말은 짧고, 표정은 닫혀 있었다. 우리 사이엔 어울림보다 '견딤'이 먼저 자리했다. 문제는 그다음부터였다. 아내와 처제. 두 사람

의 관계는 이상하게도 나를 배제한 채 움직였다. 둘은 늘 자주 통화
했고, 속닥속닥 이야기를 나누었다. 내가 방에 들어와도 전화를 끊
지 않았다. 나를 등진 채 처제의 쨍쨍한 목소리가 내 귀에 들렸다.
낮은 수군거림이 벽을 타고 내 귀로 들이쳤다. 나를 흉보고 있었던
것이 느껴졌다. 어느 날 나는 문틈 사이로 작게 흘러나오는 통화를
들었다.

"…그런 성격으로 어떻게 살지?"
"진짜 밥맛이야."

그 말이 내 뒤통수를 쳤다. 겁나게 아팠다. 처제의 목소리는 차
갑고 매정했다. 아내는 그늘 속에 사는 사람처럼 어두웠다. 나는 노
력했다. 새벽에 일찍 나가 일했고, 퇴근하면 간식거리라도 사 들고
들어갔다. 그러나 집 안 공기는 늘 불편했다. 어디에 앉아야 할지,
어떤 말을 해야 덜 어색할지, 숨을 어떻게 쉬어야 그들의 혀끝이 날
향하지 않을지 그것부터 계산해야 했다.

더 답답한 건, 나만 그렇게 느낀 것이 아니었다. 동생과 함께 처
가에 방문했다가 돌아오는 길에 동생이 말했다.

"형, 나 다시는 거기 안 간다."

    4. 기울어진 몸으로 버티는 삶의 자리

그는 웃지 않았다. 놀라울 정도로 단호했다.

"사람이 들어가도 인사도 안 하더라. 그냥 모른 척하던데? 기분 나쁘더라."

나는 아무 말도 하지 못했다. 대답 대신, 식탁 한 귀퉁이에 놓인 찬밥처럼 말들이 굳어버렸다. 그때 나는 알았다. 결혼은 인연으로 시작하는 게 아니라, 생활로 드러난다는 것을. 그리고 그 생활 안에서 나는 점점 작아지고 있었다. 누구도 나를 보지 않는 집. 아무도 나를 맞아주지 않는 공간. 어머니가 모든 비용을 감당하며 밀어 넣은 결혼이었지만—그 결혼의 첫 계절은 이상할 만큼 쓸쓸하고, 이상할 만큼 차가웠다.

서서히 무너지는 몸

결혼은 그렇게, 뜻하지 않게 내 삶의 중심으로 들어와 버렸다. 아내는 늘 말없이 식탁을 차렸고, 가끔 기름 냄새가 밴 내 작업복을 세탁하며 손끝으로 철 가루를 털어냈다. 그 손의 주름에 시간이, 그리고 우리가 함께 버텨온 세월이 새겨졌다. 아이들이 태어나고, 세월은 물살처럼 흘렀다. 야간 근무를 마치고 돌아오면 아직 잠들지 않은 아이가 내 품에 안겼다. 그 순간만큼은 세상 모든 소음이 멎고, 숨결만이 들려왔다.

　나는 꾸역꾸역 자리를 지켜야 했다. 비틀리는 마음을 붙잡고, 집과 회사를 오가는 단순한 선을 마치 인생의 궤도로 믿으며 버텼다. 가정이 뒤틀려 있어도, 직장이라도 똑바로 서 있어야 한다고, 나는 그렇게 내 등을 억지로 펴며 하루를 살아냈다. 회사에서는 그럭저럭 인정받고 있었다. 힘들게 배운 기술이 손끝에서 빛을 내던 때였다. 불꽃이 튀고 쇳가루가 날릴 때, 나는 지금껏 버텨온 세월이 헛되지 않았음을 알았다.

　하지만 용접이라는 일은 인정받는 만큼 몸을 잡아먹는 일이었다. 숨 쉴 때마다 쇳내가 폐 안쪽까지 파고들었고, 어깨는 매일 저녁 돌처럼 굳어갔다. 조선소의 일은 언제나 '무거움'으로 시작해 '고통'으로 끝났다. 조선소에서 용접한다는 것은 누구에게나 버거운 일이었다. 그저 '힘든 일'이라고 말해버리면 그 안에 들어 있는 모든 고통이 축소되는 느낌이 있다. 그 일은 그보다 훨씬 더 깊고, 더 길고, 더 무거웠기 때문이다. 무거운 물건을 들고 옮기는 일은 하루의 시작이자 끝이었다. 쇳덩이들은 한 번 들어 올릴 때마다 손목이 떨리고, 어깨가 저릿저릿 타들어갔다. 그래도 들고 옮겨야 했다. 누군가 그 무게를 대신 들어줄 리 없었고, 일은 쌓여 있었고, 배는 쉬지 않고 형태를 갖춰갔다. 무거운 공구를 메고, 무거운 공기를 마시며, 무거운 배로 들어갔다. 그 무게들이 내 허리뼈에 차곡

　　　　　　　　　　　4. 기울어진 몸으로 버티는 삶의 자리

차곡 내려앉았다.

　용접은 한 자세로 오래 버텨야 했다. 허리를 굽히고, 목을 빳빳이 세우고, 손목을 고정한 채 몇십 분, 몇 시간을 버텼다. 땀이 눈으로 흘러들면 불꽃과 섞여 따끔한 자극이 번졌다. 시간이 지나면 몸은 돌처럼 굳었고, 근육 속에서 통증이 서서히 자리를 잡았다. 나는 그 통증이 쌓이는 소리를 들을 수 있었다. 어떤 날은 등뼈가, 어떤 날은 넓적다리가 가늘게 신음하는 것 같았다. 불꽃은 날아다녔고, 그 열기는 장갑을 뚫고 손가락까지 전해졌다. 그러나 고통보다 더 견디기 힘든 것은 눈에 보이지 않는 것들이었다. 유해한 가스. 그 냄새는 처음에는 가벼운 금속의 맛처럼 느껴졌지만 오래 맡다 보면 머리가 지끈거렸고 폐 깊숙한 곳이 서늘하게 녹아내리는 느낌이 들었다. 용접할 때마다 나는 내 몸의 어딘가가 천천히 닳아 없어지는 것 같았다.

　배는 거대했다. 거대함은 언제나 잔혹하다. 문제는 배가 크다고 해서 배 속 공간도 클 것이라는 착각이다. 실제는 정반대였다. 사람 하나 겨우 들어갈 만한 칸칸이 나뉜 공간들이 많았다. 어둡고 비좁고, 안쪽으로 갈수록 공기마저 탁해졌다. 철판 뒤에는 론지들이 촘촘히 박혀 있었다. 바다를 견디는 등뼈 같은 구조물. 평평한 철판은 힘을 견디지 못하니 그 뒤에 또 다른 철판을 수직으로 붙인다. 그 뒤에 하나를 더 붙인다. 그 덩어리들이 배의 힘줄이자 골격이 된다.

나는 그 론지들을 넘어다녔다. 작은 발판 위에서 균형을 잡고, 손이 닿지 않는 천장에 용접봉을 밀어 넣고, 무거운 용접기를 들고 팔십 센티미터가 넘는 턱을 하나씩 넘었다. 조금만 헛디뎌도 손목이 꺾이고, 조금만 흔들려도 허리가 휘었다.

게다가 배 내부의 환경은 고통을 한층 더 가중시켰다. 배 안. 그곳은 하나의 거대한 미로였다. 거미줄처럼 꼬여 있는 배관들. 돌아갈 수도 없는 좁은 굴곡. 어딘가에서 기름 냄새가 나고, 어딘가에서 간헐적으로 쇠 긁는 소리가 들렸다. 온도가 높으면 땀이 흐르고, 온도가 낮으면 금속의 냉기가 차갑게 스며들었다. 무엇보다 힘든 것은 '공간'이었다. 사람이 한눈을 팔고 다닐 수 있는 공간이 거의 없었다. 허리를 펴고 걸을 수 있는 곳은 드물었다. 조금만 깊이 들어가면 몸을 옆으로 비틀어 통로를 지나야 했고, 어떤 곳은 무릎을 끌고 다녀야 했다. 안쪽으로 깊이 들어갈수록 하늘이 없는 느낌이 들었다. 숨이 답답하고, 등과 벽 사이가 계속 스쳤다.

배 안의 계단은 두 사람이 오갈 수 없었다. 누가 내려오다가 누가 올라가면 한쪽은 다시 뒤로 비켜야 했다. 그 좁은 공간에서 숨을 들이쉬면 기름 냄새가 목구멍을 타고 흘렀다. 용접 연기, 페인트 냄새, 녹과 금속 냄새가 한데 뒤섞여 공기 자체가 무거워졌다. 작업등 하나를 켜놓고 그 좁고 답답한 공간에서 용접하다 보면 마치 세계 전체가 쇳덩이와 나 둘뿐인 것처럼 느껴졌다. 그 적막과 진동, 철

  4. 기울어진 몸으로 버티는 삶의 자리

판 위에 떨어지는 용접봉의 열기, 그리고 폐 안쪽까지 타고 들어오는 금속 냄새, 그 모든 것이 하루의 일상이었다. 이 모든 작업들은 나를 조금씩 망가뜨렸다. 하지만 그때 나는 몰랐다. 몸이 고장 난다는 것은 어느 날 한 번의 통증이 아니라 수천 번 쌓인 작은 고통이 어느 순간 문을 열고 쏟아져 내리는 일이라는 걸. 나는 그런 공간을 매일 기어다녔다. 기어오르고, 기어 내려가고, 몸을 구겨 넣고, 다시 펴고. 작업등 하나가 비추는 좁은 빛 아래에서 내 몸은 서서히 망가지고 있었다.

버틸 수 없는 무게

조선소의 일은 마치 '김밥을 거꾸로 만드는 것' 같다. 처음 그 비유를 떠올렸을 때 스스로도 웃음이 나왔다. 그러나 생각할수록 정확했다. 지름 오십 미터쯤 되는 거대한 김밥이 있다고 상상해 보라. 그 김밥을 둥글게 잘라, 그 안에 들어 있는 당근, 계란지단, 시금치, 단무지를 모조리 꺼낸다. 그리고 그 재료들을 김 위에 다시 펼쳐 놓는 것. 김밥 한 조각에 들어가는 재료 하나하나의 위치를 단 한 치도 틀리지 않게 맞추는 것. 그러고 나면 그 조각을 또 다른 조각과 붙인다. 당근 결이 닿고, 시금치 줄기가 이어지고, 김의 선이 딱 맞아떨어지도록. 그렇게 배의 한 블록이 완성된다. 이 조각, 저 조각들이 서로 맞물려 마침내 하나의 거대한 '배'가 탄생한다. 그 기막힌

공정 속에서 내가 얼마나 작은 존재인지 매일 실감했다. 하지만 그 작은 존재가 없으면 그 거대한 김밥, 아니, 배는 단 한 발짝도 바다로 나갈 수 없었다. 그걸 알고 있었기에 나는 내 자리를 쉽게 놓지 못했다.

그러던 어느 날, 첫 번째 사고가 찾아왔다. 결혼한 지 얼마 지나지 않은 때였다. 아침에 출근해서 평소처럼 공구를 들고, 사람 하나 겨우 들어가는 공간을 넘어가던 중이었다. 팔십 센티미터 정도 되는 철 턱을 넘는 순간, 허리에서 "뚝" 하는 느낌이 번졌다. 뭐가 끊어진 건지, 빠져나간 건지, 정확히 알 수 없었다. 그저 허리가 '내 몸이 아닌 것처럼' 휘청거렸다. 그리고 바로 쓰러졌다. 철판 위로 몸이 무너졌다. 숨이 막혔다. 누가 다가와 이름을 부르는 소리가 멀리서 울리는 것처럼 들렸다.

그날 이후 내 허리는 다른 사람의 허리가 되어버렸다. 신혼방에서 아이가 두세 살 무렵이었을 때, 한밤중에 화장실에 가고 싶어도 몸이 움직이지 않았다. 허리 아래가 붙잡힌 듯이 꿈쩍도 하지 않았다. 겨우겨우 몸을 끌고 화장실로 갔지만 소변이 나오지 않았다. 온몸이 찢어지는 듯 아팠다. 식은땀이 흘렀고, 나는 그 좁은 화장실에서 벽을 붙잡고 서서 밤새 끙끙 앓았다. 진통제 몇 알로 버티다가 결국 도저히 안 되겠다는 걸 깨달았다. 다행히 사고 당시 친구가 그 현장을 봤고, 그걸로 산재 처리가 가능했다.

                    4. 기울어진 몸으로 버티는 삶의 자리

허리는 생각보다 쉽게 무너지지 않는다. 하지만 한 번 무너지기 시작하면 그 무너짐은 끝이 없었다. 내 몸이 그 사실을 가장 잘 알고 있었다. 쓰러진 날, 나는 응급실 천장을 보며 누워있었다. 창백한 형광등이 떠 있었다. 쇳내와 소독약 냄새가 섞여 코끝을 찔렀다. 스트레처 위에서 낯선 천장을 바라보며 의사에게서 들은 첫 말.

"디스크 파열입니다. 별거 아닙니다. 쉬면 괜찮아져요."

그 말투는 가볍고, 익숙하고, 건조했다. 마치 기계가 내뱉는 소리처럼. 하지만 나는 알고 있었다. 허리가 '빠져나가는' 느낌은 절대 별거 아니지 않다는 것을. 척추가 잠깐 길을 잃었다가 다시 제 자리로 들어가려 발버둥 치는 듯한 고통. 숨을 들이쉴 때마다 허리 뒤에서 작은 비명이 터져 나오는 느낌. 그 고통이 계속되었다.

수술 또 수술

첫 입원은 팔 개월이 넘었다. 계절이 두 번 바뀌었고, 창밖 나무는 초록에서 노랑, 노랑에서 갈색으로 변했다. 그 긴 시간 동안 나는 병원 침대 위에서 누워서만 시간을 흘려보냈다. 밤마다 허리가 깨물리는 듯 아팠다. 진통제를 맞아도 멈추지 않았다. 약이 들어오는 순간만 잠시 눅진해지고 곧이어 고통은 다시 기어올랐다. 그 시절에는 지금처럼 정교한 치료도 없었다. 디스크가 파열되면 허리를 째고 튀어나온 진액을 긁어내는 수술을 했다.

입원과 수술, 그리고 재활, 다시 통증. 회사는 산재 기간 동안 월급의 칠십 퍼센트 정도를 지급했다. 경제적으로는 손해가 없었다고 말할 수 있지만 몸은 이미 손해를 넘어 '망가짐'에 가까웠다. 허리가 빠지는 듯한 느낌. 왼쪽 다리에 전기가 흐르듯 저릿한 통증. 쥐가 나고, 근육이 떨리고, 침대에서 몸을 일으키는 데 수십 분이 걸렸다. 휠체어가 내 다리가 되어버렸다. 의사는 말했다.

"별거 아닙니다. 디스크만 조금 긁어내면 됩니다."

의사의 말이 귀를 때렸다. 참는다는 말이 그렇게 잔인했던 시절은 없었다. 수술실의 차가운 공기. 몸에 붙는 전극의 촉감. 수면 마취 전, 천장을 천천히 흐려지게 바라보던 순간— 그 모든 것이 지금도 생생하다. 하지만 그렇게 긁어내도 얼마 지나지 않아 디스크는 또 빠져나왔다. 그때마다 나는 다시 수술대 위에 누워야 했다. 조용히 마치 처형을 기다리는 사람처럼. 수술은 임시 방편이었다. 몇 개월 지나면 통증이 다시 찾아왔다. 그러면 또 수술. 또 긁어내기. 또 절개. 결국 세 번, 네 번 반복된 수술 끝에 의사가 말했다.

"이제는 고정해야 합니다."

                                                   4. 기울어진 몸으로 버티는 삶의 자리

척추 뼈에 나사를 박는다는 말. 그 한 문장이 내 인생의 무게를 바꿔놓았다. 허리뼈에 고정 나사를 박았다. 수술 후 허리엔 길게 꿰맨 흔적이 남았다. 쇳덩어리들이 내 척추를 서 있게 했다. 이제 내 허리는 '내 몸'이 아니라 철과 뼈가 함께 사는 낯선 집 같다. 지금도 내 허리와 목 안에는 그 나사들이 박혀 있다. 전신 엑스레이를 찍으면 내 몸 안에서 금속이 반짝인다. 그 반짝임은 내가 살아온 시간의 흔적이다. 그리고 내가 버텨온 노동의 기록이다.

병실의 공기는 차갑고,

집안의 공기는 더 차가웠던 시절,

나는 하루를 버티는 일 외에는

아무것도 할 수 없었다.

누구에게도 온전히 '사람'으로 불리지 못했던 순간,

내 고통을 고통이라고 불러주던 사람이 있었다.

어둠 깊은 곳에서 스쳐 간 한 사람의 온기가

내 삶의 가장 조용한 위로였다.

잠시였지만 오래 남는 인연이었다.

따뜻했지만, 짧았던 인연

긴 병원 생활

1993년. 허리가 무너져 내린 그해부터, 나는 거의 일 년을 병원에서 보냈다. 침대와 복도, 치료실과 물리치료실 사이를 비틀거리며 오르내리는 삶이었다. 아침마다 들리는 휠체어의 바퀴 소리. 식판이 부딪히는 금속성의 울림. 소독약 냄새와 땀 냄새가 뒤섞인 병원 공기. 그 공기 속에서 나는 내 삶이 어디로 흐르고 있는지도 모른 채 그저 하루를 견디는 사람이 되어 있었다.

그 무렵의 나는 가정에서도, 병원에서도 이미 지쳐 있었다. 집에서는 늘 내가 빠진 자리만 보였다. 아내와의 대화는 점점 짧아졌고, 장모님과 처제의 눈빛은 날카롭게 등을 찔렀다. 병원에 입원하기 전, 퇴근하면 문을 열기도 전에 내 마음은 이미 닫혀 있었다. 집 안의 공기와 부엌에서 나는 기름 냄새, 아이 울음 사이로 들려오는 작은 한숨들, 그 모든 것이 나를 죄인처럼 만들었다.

병원에서는 침대에 누워 있는 동안 나를 덮는 것은 통증과 쓸쓸함이었다. 허리를 조금만 움직여도 전기가 훅 끼치는 듯한 통증이 올라왔고, 밤이 되면 복도 끝에서 울리는 기계음만 들렸다.

"띠— 띠—"

기계가 숨 쉬는 소리 같았다. 그 틈에서 나는 내가 늙어가는지, 무너지는지, 사라지는지도 알 수 없었다. 병원이라는 공간은 아프다는 사실을 숨길 수 없는 곳이었다. 벽은 희고, 커튼은 얇고, 아무리 밤을 끌어당겨도 어딘가엔 꼭 작은 불빛 하나가 떠 있었다. 잠들 수 없어 눈을 뜨면 천장은 늘 회색빛이었다.

침대에 누워 있으면 척추가 자기 마음대로 움직였다. 갑자기 허리 아래쪽이 '철컥'하고 빠지는 느낌이 들면 숨이 멎었다. 손끝에 힘이 들어가고, 입술이 말라붙고, 땀이 배어 나왔다. 무릎 하나를 들어 올리는 데도 온몸의 신경이 모두 달려드는 듯한 고통. 겨우 방향을 틀어 몸을 오른쪽으로 돌리면 왼쪽 다리가 찌릿하며 마비되는 느낌. 다시 왼쪽으로 돌아누우면 이번엔 허리 위쪽에서 오래된 못이 박히는 듯한 쓰라림. 그 고통이 밤마다 반복되었다.

병원 창문 바깥에서는 바람 소리도 잘 안 들렸다. 유리창은 꽝꽝 얼어 있었고 복도는 늘 희미한 푸른빛이 흘렀다. 사람의 시간이 아

　　　　　　　　　　　　4. 기울어진 몸으로 버티는 삶의 자리

니라 기계의 시간이 흐르는 곳. 그곳에서 나는 내가 어디에 있는지조차 흐릿해졌다. 가끔은 '내 인생이 여기에서 끝나는 건 아닌가?' 하는 생각이 들었다. 사라지는 것도 아니고, 살아지는 것도 아니고, 그저 누워 있는 시간이 답답했다.

병실 친구

병실은 몸이 아니라 사람의 마음을 먼저 망가뜨리는 곳이었다. 그때의 나는 아무것도 기대하지 않는 사람이 되어 있었다. 기쁨도, 분노도, 내일도 희미해져 있었다. 그런데― 그 무력한 시간 속에서 아주 작은 변화가 하나 생기기 시작했다.

병실에는 나만 있는 게 아니었다. 허리를 다친 남자, 다리를 다친 남자, 삶이 어떻게든 비틀려 버린 사람들이 모여 같은 방에서 숨을 쉬고 있었다. 남자들이란 참 묘해서, 처음엔 말을 아끼다가도 통증과 담배 한 개비, 혹은 간단한 밥 한 끼로 금세 마음을 열기도 한다. 같은 병실의 남자들이 어느 날 내게 말을 걸기 시작했다. 처음에는 그저 이런 대화였다.

"오늘은 허리가 좀 덜 아프나?"
"어제 물리치료는 어땠어?"

짧은 문장. 툭 던지듯 말하는 말투. 그러나 그 질문들이 늘 닫혀 있던 내 마음에 아주 작은 틈을 만들어 놓았다. 그 틈을 통해 조금씩 바람이 들어왔다. 누군가가 내 통증을 '통증'이라고 불러주는 것. 그걸 묻는 사람이 있다는 사실. 그게 그렇게 위로가 될 줄은 몰랐다. 그들과 담배를 나눠 피우고 있으면 나는 잠깐이라도 내 허리 통증을 잊었다. 그렇게 같은 병실에 있던 우리는 서로의 상처를 조금씩 들여다보며 병원 밖으로도 나가게 되었다. 주말이나 외출 허가가 나면 국밥집에 가서 소주를 기울이고, 그렇게 휘청거리며 병동으로 돌아오기도 했다.

어느 날, 그 무리 중 한 사람이 말했다.

"진주에 아주머니 몇 분이 있는디… 같이 한번 가보자고. 사람들이 괜찮으니까. 그냥 바람 쐬러 가는 거야. 다들 어때?"

나는 별생각 없이 따라나섰다. 병원 생활이 너무 지루해서 어디라도 가고 싶었다. 그렇게 시작된 만남이었다. 그 만남은 조용했다. 천천히 다가오는 새벽처럼 작은 말 몇 개로 시작된 인연이었다.

나는 별 기대도 없이 따라나섰다. 병원 냄새가 지겨웠고, 내 몸의 냄새가 지겨웠고, 내 삶의 냄새가 지겨웠기 때문이었다. 그렇게 아무것도 바라지 않은 발걸음으로 그 자리에 갔다. 아무 기대도, 아

     4. 기울어진 몸으로 버티는 삶의 자리

무 준비도 없이 그저 따라 나간 자리에서 나는 한 명의 여인을 만나게 되었다. 그 만남은 아주 조용했다. 천천히 다가오는 새벽 같았다. 소리를 내지 않고 빛만 먼저 와 닿는 시간처럼.

작은 위로

첫 번째 만남이 끝나고, 무슨 말도, 무슨 행동도 특별하지 않았는데 그녀의 말투, 웃음, 눈길이 내 몸 어딘가에 오래 머무르는 것 같았다. 기쁨인지, 슬픔인지, 그저 사람의 온기를 오랜만에 느낀 때문인지…. 이름을 붙일 수 없는 감정이 가슴 아래쪽 어둠 속에서 천천히 부풀어 오르고 있었다. 그녀와 나눈 말은 길지 않았다. 특별한 것도 없었다. 그런데 오랜만이었다. 그냥 사람으로 편하게 대하며 인정해 주는 눈길과 말들이 오래 남았다. 며칠 동안 그녀의 말투가 계속 떠올랐다.

그날 이후 나는 병원 침대에 누워있는데도 그녀의 말투가 귓가에 다시 울렸다. 그 울림이 나를 흔들었다. 아프고 지친 삶을 조용히 눌러놓던 무게가 조금씩 이동했다. 마치 허리뼈 주변에 고여 있던 통증이 잠시 한 발짝 물러나는 것처럼.

며칠 후 그날 만남을 주선했던 병실 친구가 말했다.

"그날 그 아주머니, 형님한테 관심이 있는 모양이야. 이번 주말에도 한번 같이 볼 수 있겠냐고 하던데?"

그 말을 듣자, 내 가슴이 조용히 흔들렸다. 아주 작게, 하지만 분명히. 나는 대답했다.

"그래… 뭐, 가보자."

그 말은 내가 내게 건 첫 번째 솔직함이었다. 가고 싶었다. 다시 보고 싶었다. 내가 그런 말을 내 마음속에서 인정하는 것도 오랜만이었다. 두 번째 만남은 마치 첫 번째 만남의 잔향이 다시 모여 조용히 문을 두드리는 것 같았다. 그날도 그녀는 부드러웠다. 말투도, 표정도 한결같았다. 나를 부담스럽기 하지 않았고 억지로 파고들지도 않았다. 조금 떨어진 자리에서 조용히 내 상태를 살피는 그런 사람이었다. 그녀의 그런 태도 때문에 나는 조금씩 아주 조금씩 마음을 열었다.

첫 번째 만남이 새벽빛처럼 은은하게 비춰온 것이었다면, 두 번째 만남은 그 새벽이 천천히 밝아오는 과정 같았다. 한 번 더 만나자고 말한 것도 그녀가 먼저였는지 내가 먼저였는지 지금은 기억나지 않는다. 그저 자연스럽게 물 흐르듯 이어졌다. 그 자연스러움이 오랫동안 잊고 살던 감정의 바닥을 조금씩 뜨겁게 데웠다. 그렇

　　　　　　　　　　　　　4. 기울어진 몸으로 버티는 삶의 자리

게 몇 번의 만남이 이어졌다. 만난 지 몇 번 되지도 않았는데 그녀의 말투는 마치 오래 알고 지낸 사람처럼 부드럽게, 나를 다치지 않게 천천히 내 안으로 들어왔다.

"아저씨, 허리는 좀 어때요?"

그녀는 정말 허리가 걱정된 사람처럼 물었다. 겉으로만 묻는 게 아니었다. 내 얼굴을 한 번 보고, 내 걸음걸이를 한 번 보고, 손끝을 스칠 듯 말 듯 바라보면서 진짜로 걱정하는 사람의 얼굴이었다. 그런 따뜻함은 정말 오랜만이었다. 집에서는 내 통증이 늘 불편함이 되었고, 내 말투는 늘 핑계가 되었고, 내 얼굴은 늘 짜증의 대상이 되었는데 그녀는 나를 그런 눈으로 보지 않았다.

선을 넘지 않는 따뜻함

그녀는 내가 허리를 숙이지 못하는 걸 알아서 운전석에서 내릴 때마다 차 문을 먼저 열어주었다. 길을 걸을 때는 내 왼쪽 다리가 자주 저리는걸 눈치채고 천천히 걸어주었다.

"아저씨, 천천히 가요. 우리 급할 거 없어요."

그 목소리는 내 몸의 통증보다 마음의 통증을 먼저 알아보는 사람의 목소리였다. 아무도 그런 사소한 배려를 내게 해준 적이 없었다. 그리고 나도 모르게 내 마음은 그 사람에게 흘러갔다. 억지가 아니라 무너진 마음 한쪽에 물길이 자연스럽게 생기듯 부드럽게, 천천히.

어쩌면 그 몇 번의 만남이 내게는 몇 년의 위로와 같았다. 가정에서 지친 마음, 병원에서 갈 곳 잃은 마음, 내 몸의 고통 때문에 작아진 마음이 그녀 앞에서는 잠시라도 '사람'으로 돌아왔다. 그렇다고 그녀와 다른 관계로 나아갈 수도 없었다. 하지만 그녀의 작은 다정함, 선명한 정직함, 가벼운 미소와 단단한 절제는 내 마음을 어둠 속에서도 흔들리게 했다.

그 흔들림은 위험한 것이 아니라 살아 있는 사람에게만 찾아오는 아주 오래된 떨림이었다. 나는 그녀와 마주 앉아 있는 동안만큼은 부상으로 무너진 남자도, 가정에서 늘 눈치 보던 남편도, 아픈 허리를 움켜쥐던 노동자도 아니었다. 그저 누군가에게 따뜻하게 대해지고, 다시 '사람'이라고 불릴 수 있는 단 한 명의 남자였다. 그 작은 순간들. 그 짧은 만남들. 그 몇 번의 다정함이 내 마음을 움직였다. 그녀는 내게 그런 사람이었다.

그녀의 나이가 정확히 기억나지 않는다. 하지만 그 얼굴에 담긴

     4. 기울어진 몸으로 버티는 삶의 자리

기운만큼은 지금도 선명하다. 말투가 부드럽고, 눈빛에 이상한 평
온함이 있었다. 보기만 해도 사람을 누그러뜨리는 사람이었다. 우
리는 거제와 진주 사이, 중간 지점 어디쯤 되는 강가나 다리 밑에서
만났다. 차에서 내려 그녀가 준비한 작은 간식이나 음료를 마시며
두런두런 이야기를 나눴다. 그 시간이 왜 그렇게 조용하고 따뜻했
는지는 지금도 잘 모르겠다.

나는 이미 결혼한 사람이었고 아이도 있었다. 나는 그녀가 필요
했지만, 선을 넘지 않았다. 그저 함께 만나서 이야기 나누는 것이
좋았다. 그녀도 그랬다. 내가 장난처럼 손을 잡기라도 할 것 같으면
그녀는 언제나 단호하게 말했다.

"아저씨는… 그런 사람 아니에요."

단호하면서도 따뜻한 말이었고, 나를 지켜주는 말이었다. 그녀
는 선을 지키는 사람이었다. 그 선 안에서만 우리는 서로에게 머물
렀다. 그 선 덕분에 그 관계는 오히려 더 깊고 고요해졌다.

그녀는 음식도 참 잘했다. 사실 대부분 냉동식품이었다. 하지만
이상하게도 그녀가 내어주는 음식은 맛있었다. 조미료 맛을 넘어서
사람의 손길, 마음의 온기가 느껴지는 맛이었다. 함께 드라이브하
고, 다른 가게에 들러 음식을 먹어보기도 했지만 유독 그녀가 만들

어주는 음식만 내 입안에 오래 남았다. 그건 음식 때문이 아니라 그 음식을 내어주는 그녀의 표정, 목소리, 태도 때문이었다. 나는 그녀에게서 어릴 적 마음속에 품어 두었던 이상적인 여성상을 보았다. 선을 넘지 않고, 거짓을 내지 않고, 배려하면서도 단단한 사람. 그녀는 그런 사람이었다.

마음에 남은 이유

그녀는 꽃과 생맥주를 파는 작은 가게를 운영했다. 간판은 크지 않았고 문을 열면 어딘가 눅눅한 냄새가 섞여 있었지만, 나는 그 가게에 들어설 때면 이상하게 마음이 편안해졌다. 작은 화병들, 싹 잘린 꽃들, 낡은 냉장고, 어딘가 울컥거리는 생맥주 기계—그 모든 것이 그녀의 손을 거쳐 단정하게 놓여 있었다. 그곳에 앉아 있으면 나는 병원도, 집도, 허리 통증도 잠시 잊을 수 있었다. 그 여인과 마주 앉아 맥주잔을 부딪치는 그 순간만큼은 내 인생이 부서진 존재처럼 느껴지지 않았다.

"아저씨, 많이 힘들죠?"

그녀가 이렇게 묻는 날이면 나는 이상하게 숨을 깊게 들이쉬고 싶어졌다. 누군가가 내 고통을 '힘듦'이라고 불러주는 것. 그것이 그

　　　　　　　　　4. 기울어진 몸으로 버티는 삶의 자리

렇게 고마웠다.

그러나 어느 날 그녀는 가게를 정리했다. 아무 말도 없었다. 그냥 문을 닫고, 짐을 빼고, 시골 본가로 들어갔다. 연락은 그날 이후 영영 닿지 않았다. 전화도 받지 않았고, 누가 찾아가도 그녀는 이미 다른 곳에 가 있었다. 나는 그 여인을 깨끗한 그리움으로만 남겼다. 원망도, 아쉬움도, 억지도 없이 '좋았던 사람'으로만 조용히 가슴안에 놓아두었다.

그녀의 가게에서 함께 일하던 또 다른 아주머니가 있었다. 그녀와는 자연스러운 흐름으로 몇 번 연락을 주고받았고, 여관에서 만나기도 했다. 그러나 그 관계에는 욕망은 있었지만, 기억은 흐렸고, 서로에게 건넨 말들도 깊지 않았다. 나는 그 두 번째 여인보다 첫 번째 그녀를 더 오래, 더 진하게 기억하고 있다. 품위, 절제, 배려, 선함 그 네 가지의 기운을 그녀는 가지고 있었다.

어쩌면 손 한 번 잡아보지 않은 사람에게 이렇게 오래 마음이 남아 있는 것이 이상하게 보일지도 모른다. 하지만 그녀는 나를 '남자'보다 '사람'으로 대해주었다. 그게 컸던 것 같다. 내 욕망이 아니라, 내 마음을 봐주는 사람. 내 결핍을 이용하지 않고, 내 혼란을 욕망으로 끌고 가지 않고, 내 인생의 무게를 조용히 받아들여 주던 사람. 나는 그런 사람을 더 오래 기억한다. 그런 종류의 연결이야말로 내 삶을 잠시나마 구해 준 연결이었다. 그녀는 짧게 스쳐 갔지만, 내 마음속에서 오래 남아 있는 '따뜻한 사람'이다. 그리고 나는 그녀를 떠올릴 때마다 내가 어떤 순간에도 완전히 나쁜 사람만은 아니었다는 걸 조용히 확인하게 된다.

4. 기울어진 몸으로 버티는 삶의 자리

5화

떠도는 마음의 무게

무너진 몸으로 다시 서다

다시 현장으로

허리뼈에 고정 나사를 박고 나서야 회사로부터 인정을 받을 수 있었다. 고통의 양으로 따진다면 이미 열 번도 넘게 받아야 했겠지만, 대한민국에서 인정받는 일은 마치 전쟁 같았다. 의사가 아니다 하면 아닌 것이고, 환자는 몸을 끌고 증명해야 했고, 그 증명은 늘 부족했다. 나는 지쳤지만 증명해야만 했다. 내 몸의 망가짐을. 내 고통의 무게를. 그 싸움은 길었다. 지루했다. 그리고 아주, 아주 외로웠다. 회복, 그리고 새로운 업무 도전 그 긴 싸움은 거의 이 년에 가까운 시간 동안 이어졌다. 입원. 퇴원. 그리고 다시 재발. 또 입원. 또 수술. 다시 재활. 끊임없는 반복. 마치 끝없는 동굴 속에서 같은 벽만 쓰다듬으며 살아가는 기분이었다.

침대에서 몸을 일으키는 데만 이십 분이 걸렸다. 바로 서면 다리가 떨렸다. 왼쪽 다리는 전기가 흐르듯 저렸다. 계단을 내려가다 보면 갑자기 쥐가 나 휘청거리기도 했다. 그러나 나는 회사에 다니고 있었다. 불가능한 몸을 끌고 다시 조선소에 나갔다. 예전처럼 무거운 것을 들 수 없었다. 케이블을 당길 수도 없었다. 허리에 힘이 들어가는 일은 모두 금지였다. 내 몸은 이미 용접공의 몸이 아니었다. 아픈 사람의 몸이었다. 그래도 나는 회사의 공기 속에 있으려 했다. 쇳가루 냄새, 절단기 소리, 멀리서 들리는 크레인 경고음, 그 오래된 소리 속에 서 있어야 내가 여전히 '일하는 사람'이라는 감각을 붙잡을 수 있었다.

어떤 날은 일을 하다가 갑자기 허리가 움찔했고 그 자리에서 얼어붙었다. 동료가 다가와 말했다.

"괜찮나, 영걸아?"

나는 이를 악물고 말했다.

"참을 만해."

참을 만하다는 말은 반은 거짓이었다. 그 말은 '여기서 쓰러지면 안 된다'라는 기도 같은 말이었다. 그렇게 나는 부서진 몸으로 다시 일하려 애썼다. 내 역할을 찾으려 했고 다른 업무를 배워보려 했다. 몸은 예전 같지 않았지만 나는 알고 있었다. 일을 놓는 순간 나는

　　　　　　　　　　　　　　　　　　5. 떠도는 마음의 무게

더 빨리 무너질 것이라는 걸. 그래서 버텼다. 조심스럽게, 천천히. 뼈와 금속이 함께 아우성치는 그 몸을 끌고 나는 다시 현장에 섰다. 그것이 내가 살아남는 유일한 방법이었다.

트랜스포터

　망가진 허리로 할 수 있는 일이 많지 않았다. 내 몸은 예전처럼 쇳덩이를 들고, 기어다니고, 뛰어오를 수 있는 몸이 아니었다. 회사에서는 다친 사람들을 두 가지 길 중 하나로 보냈다. 하나는 보상금을 주고 내보내는 길. 다른 하나는 버틸 수 있을 만큼의 '덜 위험한 자리'로 옮겨주는 길. 나는 첫 번째 길을 선택할 수 없었다. 내 몸을 잃었더라도, 내 일까지 잃을 수는 없었다. 그렇다고 경비 업무로 가고 싶지도 않았다. 조용하고 안전하고, 책임도 적지만 급여가 너무 적었다. 애를 키우고 집을 꾸리고, 부서진 몸으로라도 삶을 끌고 가야 하는 사람에게 그 돈은 버티기 힘든 액수였다. 아무리 아파도 나는 매달 손에 잡히는 돈으로 내 가족을 붙잡아야 했다. 그래서 버티기로 했다. 또 버티고, 버텨서 내게 맞는 자리를 찾아가기 위해 몸을 끌고 다시 회사의 복도 위를 걸었다. 아직도 수술 자국이 뜨끔거리던 때였다.

　그러던 어느 날, 생산지원팀 중 한 곳인 블록 운반부에 자리가 났다는 소식을 들었다. 귀가 번쩍 뜨였다. 거대한 블록을 이동시키는 부서. 배의 거대한 조각들을 옮기고, 배를 만들기 위한 철판 구조물들을 이동시키는 일. 당시만 해도 그곳에 들어가는 것은 회사 안에서도 '선택받은' 사람들만이 가능했다. 나는 바로 신청했다. 허리를 몇 번이나 움켜쥐고 지원서어 사인을 했다. 그리고 며칠 뒤, 나는 그 부서로 배치되었다.

내가 맡은 일은 트랜스포터 신호수. 말 그대로 수백 톤짜리 블록의 이동을 지휘하는 사람이다. 내 손짓에 따라 거대한 강철의 몸이 움직였고, 내 신호에 따라 거대한 배가 형태를 갖추어 갈 수 있었다.

트랜스포터는 단순한 기계가 아니었다. 처음 그 거대한 몸체를 마주했을 때, 나는 마치 살아 있는 괴물을 바라보는 것 같았다. 길이만 이십일 미터. 폭은 오 미터를 훌쩍 넘는다. 보통의 도로는 아예 통행조차 불가능한 크기다. 몸 아래에는 열여섯 개의 회전축, 그 축마다 네 개씩, 모두 예순네 개의 바퀴가 달려 있었다. 그 바퀴들은 사람의 발목처럼 부드럽게 돌아갔고, 때로는 짐승의 다리처럼 땅을 움켜쥐었다. 앞뒤로도 움직이고, 좌우로도 움직이고, 그 자리에서 천천히 제자리 회전을 할 때는 쇳덩어리가 아니라 거대한 생명체가 뒤를 돌아보는 듯한 느낌이었다. 예순네 개의 바퀴가 동시에 궤적을 그리며 돌 때 그 모습은 마치 수십 마리의 동물이 같은 방향을 바라보며 한 몸으로 움직이는 장관처럼 보였다.

쇠의 다리가 바닥을 누르고, 기름 냄새가 피어오르고, 천천히, 그러나 자신 있게 몸을 돌리면서 블록의 그림자를 끌고 갔다. 트랜스포터 옆을 지나치는 순간 나는 매번 숨을 삼켰다. 그 무게. 그 진동. 그 기계가 가진 이상한 위엄이 있었다. 바람이 아니라 '쇳덩이의 숨'이 느껴졌다. 처음 그 자리에서 트랜스포터가 엔진을 걸었을 때, 나는 무릎이 저릿해지는 느낌을 받았다. 진동이 발바닥에서 척추까지 올라오고, 쇳덩이의 울림이 내 몸을 통과했다. 거대한 블록이 천천히 움직일 때의 소리는 마치 바다가 숨을 들이쉬는 소리 같았다. 그 앞에 서면 나는 한없이 작아졌다. 그러나 그 작은 내가, 나의 손끝이, 그 거대한 몸을 움직이게 한다는 사실은 나를 비로소 다시 살아 있는 인간처럼 느끼게 했다.

다시 조선소에 서다

그 일이 위험하지 않은 것은 아니었다. 몇백 톤의 블록을 움직이는 일이었다. 블록 하나가 잘못 움직이면 사람의 생명 따위는 한순간에 사라질 수 있었다. 나는 늘 긴장했고, 그 긴장이 동료들과 신호를 공유하며 트랜스포터를 안전하게 운행할 수 있게 하였다. 그 긴장 속에서 나는 오랜만에 '살아 있다'는 느낌을 받았다. 비난과 모욕, 무시와 무관심 속에서 살아온 지난 몇 년과 달리, 여기서는 내 손끝 하나로 세상이 움직이는 순간이 재미있었다.

과거의 나는 거대한 배의 깊은 곳, 좁고 어두운, 머리 한 번 제대로 들기도 어려운 공간에서 용접봉을 쥐고 살았다. 등이 철판에 닿고, 무릎은 바닥의 녹과 기름에 젖고, 숨을 들이쉬면 쇳내가 폐 속에 박혀 온종일 피 맛이 돌았다. 그곳에서는 빛도, 공기도, 사람도 모두 내게 등을 돌리고 있었고 나는 그 어둠 속에서 내 몸의 부서지는 소리를 들으며 버텼다. 그러나 이제 나는 조선소의 가장 넓은 메인 도로 위를 트랜스포터와 함께 달렸다. 그 길은 내게는 마치 다른 세계처럼 느껴졌다. 같은 조선소였지만, 전혀 다른 곳이었다. 햇빛이 쏟아졌고, 멀리서 크레인이 움직이는 모습이 보였고, 공장과 공장 사이로 바닷바람이 스며왔다. 가장 밑바닥, 가장 좁은 공간에서 일하던 내가 이제는 조선소 전체를 가로지르는 길 위에서 가장 큰 물건을 움직이는 사람이 된 것이다.

조선소에는 통행 우선순위가 있었다. 가장 먼저 지나가는 건 언제나 트랜스포터였다. 길 위의 모든 움직임은 트랜스포터가 일으키는 바람에 밀려났다. 두 번째는 중장비, 세 번째 화물차, 네 번째 버스, 나머지는 승용차였다. 물론 소방차와 구급차는 어떤 순간에도 일 순위였다. 하지만 그 외의 모든 것들은 트랜스포터를 위해 길을 비켜야 했다.

가로, 세로 모두 이십 미터가 넘는 블록들이 때로는 오십 미터 가까운, 거대한 건물 같은 블록들이 천천히 도로를 지나가는 모습을 볼 때면 사람들은 입을 벌리고 서 있었다. 나도 처음엔 그랬다.

"저게… 어떻게 움직이지?"

누구나 그렇게 중얼거렸다. 지구상에서 도로 위를 스스로 움직이는 가장 큰 물건을 단 몇 미터 앞에서 보며 일을 한다는 것. 그 한 사실만으로도 내 가슴은 묘하게 뜨거워졌다. 나는 그 거대한 배의 조각들을 한 블록씩, 바다로 나아가기 전의 거대한 기관들을 한 조각씩, 이동시키며 마치 내 삶의 파편들도 함께 밀어내는 듯한 기분이 들었다. 어두운 공간에서 한 뼘도 움직이지 못하던 내가 이제는 세상의 가장 큰 물건을 넓은 길 위에서 이끌고 있었다.

후미 신호수

"트랜스포터 신호수? 그냥 자전거 타고 뒤를 따라다니는 일 아닌가?"

사람들은 종종 말했다. 겉으로 보기에는 그랬다. 블록 뒤를 천천히 자전거를 타고 따라가고, 트랜스포터를 이리저리 인도하는 일. 누가 보기에는 소풍 나온 사람처럼 보였을 것이다. 하지만 그건 겉만 본 사람들의 오해였다. 이 일은 생각보다 훨씬 복잡했고, 훨씬 많은 '머리'와 '눈'과 '감'이 필요했다. 우선 조선소 전체의 지명을 샅샅이 외워야 했다. 수많은 공장과 셀타, 여기저기 그냥 널려 있는 적치장에도 다 자기 고유 번호가 있었다. 그 광활한 공간을 내 머릿속에 지도로 그려놓아야만 하루의 일이 시작될 수 있었다. 트랜스포터의 특징과 재원도 알아야 했다. 몇 톤짜리 블록을 실을 수 있는지, 바퀴들의 회전 방식이 어떠한지, 회전 반경이 얼마인지, 기울기 변동에 따라 어떤 움직임을 하는지 — 이걸 모르면 사고는 순식간이었다.

또한 블록의 생김새를 이해해야 했다. 블록에 매겨지는 번호는 그 블록이 배의 어느 부분에 결합하는지를 알려준다. 배의 종류에 따라 달라지는 것은 물론이다. 겉모양만이 아니었다. 블록 밑에 버팀목을 놓기 위해서는 론지들이 만나는 곳을 금방 찾아낼 수 있어야 했다. 그 형태를 이해해야 트랜스포터를 안전하게 이동시킬 수 있었다. 고정 장치 하나가 잘못되면 몇백 톤의 블록이 흔들리고, 자칫하면 대형 사고로 이어질 위험이 언제나 있었다.

하루에도 수십 개가 넘는 블록들을 이동시켜야 한다. 조선소 곳곳에 비어 있는 땅을 확인해야 하고, 장애가 되는 곳을 알아야 한다. 사람들의 동선을 끊고, 실수를 예감하고 미리 막는 일, 이것이 우리의 일이었다. 누군가 "조금만 지나갈게요" 하고 다가오는 순간이 가장 위험했다.

우리는 네 명이 한 팀을 이루어 작업을 했다. 네 명이 한 몸처럼 움직여야 하는 팀이었다. 한 명은 트랜스포터의 기사, 나머지 세 명은 신호수이다. 신호수는 앞에서 두 명이 트랜스포터를 이끌고, 뒤에서 한 명이 받쳐주면서 작업이 진행되었다. 세 명 중 가장 경력이 적은 사람이 트랜스포터 뒤를 따라오면서 신호를 하고, 가장 경력이 많은 사람이 앞에서 주되게 신호를 보내면서 트랜스포터를 지휘한다. 나머지 한 명이 앞에서 보조적으로 신호를 진행한다. 손짓 하나, 고개 움직임 하나로 큰 사고가 생길 수 있는 일이기도 했다. 나는 처음 육 개월 동안 차량의 뒤를 맡는 후미 신호수 역할을 했다.

특히, 후미 신호수는 차량을 통제해야 하는 중요한 역할이 있었다. 트랜스포터를 직접적으로 지휘하지는 않지만, 주변 상황을 체크하고, 주변의 차량들을 통제한 역할을 잘 수행해 내야 한다. 차량 통제는 특히 어려운 부분이 많았다. 가끔 지시를 어기는 차량이 있어, 위험을 초래하는 경우가 발생하기 때문이다. 조선소에서 중장비, 특히 트랜스포터를 임의로 추월해서는 절대 안 된다. 트랜스포터는 급하게 브레이크를 밟을 수가 없기 때문이다. 급하게 브레이크를 밟았다가는 위에 싣고 있는 블록이 떨어질 수도 있고, 망가질 수도 있기 때문이다. 그렇게 되면 수십 억 원에 이르는 블록이 망가진다. 사람도 크게 다칠 수 있다. 떨어지는 것은 쇠가 아니라 목숨이었다. 그래서 우리는 늘 정신이 곤두서 있었다. 뇌는 계산을 하고,

몸은 기억으로 움직이고, 시선은 앞과 뒤, 좌와 우, 바닥과 하늘을 동시에 살핀다. 단 한 번도 긴장을 놓을 수 없는 일. 겁 많은 사람은 버티지 못하고, 겁이 없는 사람은 오래가지 못하는 자리였다.

이 일은 급여도 훨씬 높았다. 그때 처음으로 내 통장에 제대로 된 숫자가 찍히기 시작했다. 시간당 단가가 높은 것은 아니었지만, 일하는 시간이 급격히 늘어났기 때문이다. 다른 직원들은 퇴근해도 나는 밤 아홉 시까지, 열한 시까지, 어떤 날은 스물네 시간 근무도 했다. 눈이 풀리고, 다리가 떨릴 때도 나는 신호를 놓치지 않으려고 손끝을 꽉 움켜쥐었다. 그렇게 나는 비로소 '돈을 버는 사람'이 되었다. 내 몸이 망가져도 내 삶까지 무너지는 것은 아니라는 것을 조금씩 증명하기 시작했다.

하지만 그 성공의 뒤편에는 아직 꺼지지 않은 통증, 마음 구석에서 울리는 오래된 절망, 그리고 언제 또다시 무너질지 모른다는 두려움이 조용히 나를 따라다니고 있었다.

"

같은 방, 같은 식탁, 같은 문을 지나도

우리의 마음은 단 한 번도 서로에게 닿지 않았다.

웃음도 눈빛도 멈춘 집에서

나는 벽처럼 서 있는 사람과 살았다.

안으로 들어가면 싸늘한 침묵이 먼저 나를 맞았고,

내 자리는 어디에도 없었다.

그 적막한 공간 속에서

나는 아무도 모르게 천천히 무너지고 있었다.

"

닿지 않는 마음들의 집

벽처럼 서 있는 사람

아내와 나는 처음부터 어울리는 사람들이 아니었다. 어머니가 나를 붙잡아 앉히고, "지금 아니면 못 간다"라며 등을 떠밀던 날의 공기까지 아직도 기억난다. 그때의 방은 이상하게 좁고 눅눅하고, 벽지에 붙은 작은 곰팡이들조차 마치 앞으로 벌어질 일들을 미리 알고 있는 듯 어둡게 번져 있었다. 아내는 조용히 앉아 있었다. 눈빛은 맑아 보였지만, 그 뒤에 숲처럼 뒤얽힌 무언가가 있었다. 사람의 마음을 읽는 데 서툴지 않은 내 눈은 그 혼란스러움을 정확히 봤다. 하지만 마치 오래된 기계가 돌아가듯 우리의 삶은 '결혼'이라는 틀 속으로 끼워졌다.

장판에 베인 묵은 살내, 오래된 집처럼 우리의 결혼은 처음부터 틈이 많았다. 아내는 무엇이든 아는 것처럼 이야기는 많이 했지만, 실제로는 손 하나 제대로 까딱하지 않았다. 그리고 내가 하는 일에는 불만이 많았다. 집안일은 늘 내 몫처럼 굴러왔고, 제 할 일은 입 속에만 갇혀 있는 사람이었다. 나는 그때 이미 뭔가 잘못된 곳으로 들어섰다는 예감을 느꼈다. 하지만 결혼은 이미 굳어 있었고, 나는 빠져나올 수 없는 문 안에 들어와 있었다. 아내는 세상 경험이 거의 없었다. 말은 많았고, 판단은 쉬웠다. 비난은 잦았고, 행동은 없었다. 그런 사람과 산다는 것 자체가 어색했고, 불안했고, 이해되지 않았다.

하지만 결혼이란 게 원래 그런 거라고, 처음엔 다 맞지 않는 거라고, 그저 그렇게 스스로 속이며 하루를 넘겼다. 설거지 그릇은 쌓여갔고, 빨래도 마르지 않았고, 집안 곳곳에 작은 먼지들이 쌓였다. 부엌에 놓여 있던 조그만 양은 냄비는 언제부터인지 '한 번 쓰고 씻지 않은 냄비'라는 표정을 하고 있었고, 아내는 그 냄비 옆을 그대로 지나쳐 찬장을 열었다 닫았다. 그 모든 순간이 하나의 상징처럼 보였고, 나는 그 상징이 결혼이라는 이름처럼 쉽게 지워지지 않으리란 걸 어렴풋이 알았다.

아내와 함께 산다는 것은 마치 집 안에 커다란 벽 하나를 두고 사는 것과 같았다. 말을 걸어도 대답이 벽에 닿아 되돌아오듯 밋밋했고, 내가 어떤 방향으로 움직여도 아내는 그 자리에 딱 고정된 모양 그대로 서 있었다. 그 벽은 숨을 쉬고, 말을 하고, 나와 같은 방 안에 있었지만, 감정이라는 문은 닫혀 있었고, 내가 밖에서 아무리 흔들어도 쉽게 열리지 않았다. 아내는 늘 제자리였다. 가만히 앉아 책장을 넘기거나, 부엌을 지나며 말없이 한숨을 흘리거나, 내가 퇴근해 들어오면 눈길 한 번 제대로 맞추지 않았다. 그 모습이 정확히 벽의 표정이었다. 조용하고, 무심하고, 차갑고, 하지만 분명히 나의 생활과 감정을 가로막고 서 있는 존재.

내가 다가가면 아내는 한 발짝도 움직이지 않았다. 내가 등을 보이면 그제야 흉을 보거나 비난을 던졌다. 그 말투조차도 벽 틈 사이에서 갑자기 새어 나오는 바람처럼 차갑고 일정했다. 결혼이라는 집 안에서 아내는 누군가의 '연결'이 아니라, 더 이상 밀리지 않는 구조물처럼 굳어 있었다. 나는 몇 번이고 말을 걸어보고, 다가가 보고, 설명도 해봤지만 마치 허공에 손을 뻗는 것처럼 닿지 않았다.

어느 순간부터 나는 아내를 '사람'으로 대하기보다 살아 있는 '벽'으로 대하기 시작했다. 움직이지 않고, 기울지도 않고, 내 마음에 따라 흔들리지 않는 존재. 그 벽 앞에서 나는 점점 말수가 줄었고, 감정을 표현하는 걸 멈추고, 하루가 저물 때마다 내 자리란 것이 이 집 어디에도 없다는 사실을 버워갔다. 아내와 산다는 것은 누군가와 함께 사는 일이 아니라, 벽 너머에서 끊임없이 독백하는 삶과 같았다. 내 목소리는 벽에 흡수되어 사라졌고, 아내의 표정은 늘 같은 무늬로 굳어 조금도 변하지 않았다.

    5. 떠도는 마음의 무게

첫 사고

1993년. 아들이 젖먹이일 때였다. 나는 퇴근길마다 등에 아이를 업었다. 작고 따뜻한 몸을 등에 업고 골목을 지나갈 때면 등골을 타고 흐르는 체온 때문에 잠시나마 살아 있다는 감각이 들었다. 갓난아이의 체온이 등에 느껴질 때면, 잠시나마 세상과 나 사이에 얇게나마 따뜻한 막이 생기는 것 같았다.

그러던 어느 날, 허리가 '뚝' 끊어지는 소리가 들렸다. 정말로 들렸다. 몸이 주저앉았고, 세상이 왼쪽으로 쏠리며 검게 흔들렸다. 침대 모서리에 손을 짚고 몸을 일으키려 해도 허리는 내 것이 아니었다. 그날 이후 수술실의 찬 기계음, 창백한 병원복의 색, 물리치료실의 고무장갑 냄새까지 모두 내 삶의 표면에 겹겹이 쌓였다. 누워 있는 동안 병실 천장의 형광등이 깜빡일 때마다 나는 내 미래가 꺼졌다 켜지는 것만 같았다. 그 후부터 병원, 수술대, 물리치료실, 약 냄새, 소독약, 그리고 몸을 휘감는 허망함. 삶 전체가 지워지는 소리만 들렸다.

아들은 내 등에서 조용히 숨만 쉬고 있었는데, 나는 그 작은 꺼풀 하나의 무게도 감당하지 못하고 있었다. 그해, 나는 가족에게 아무것도 줄 수 없었다. 아내와 아이에게 해준 건 오직 "돈을 벌어야 한다"는 강박뿐. 집에 가면 무너진 허리를 부여잡고 벽만 바라보았다. 아이의 울음도, 아내의 말도 내 귀에 들어오지 않았다. 나는 나 자신을 추스르기에도 벅찬 사람이었다. 하지만 그런 사정을 아내는 받아들이지 못했다. 불만은 쌓였고, 분위기는 더 차가워졌다.

1994년, 통원 치료를 시작하면서 나는 조금씩 걸었다. 삐걱거리며 움직일 때마다 허리뼈가 비명을 질렀다. 그런데 그보다 더 아픈 건 집이었다. 통원 치료를 시작하면서 집에 머무는 시간이 늘었다. 그 시간들이 오히려 내게 가장 잔인했다.

어느 겨울 오후였다. 나는 방문 앞 작은 의자에 앉아 허리 보호대를 조이고 있었고, 방 안에는 햇빛이 슬쩍 들어와 바닥에 바랜 카펫 무늬가 길게 늘어져 있었다. 그때였다. 아내의 목소리가 전화기 너머로 날카롭게 튀어나왔다. 아내는 여동생과 전화를 했다. 문을 살짝 닫아도 소리가 새어 나왔다.

"…얜 진짜 하나도 몰라. 말해도 못 알아들어. 내가 진짜 답답하다니까."

나는 그 순간 몸이 굳었다. 허리의 통증보다 더 깊고 더 차가운 무언가가 등뼈를 타고 올라왔다. 문틈 사이로 아내가 얼굴을 찡그린 채 말을 이어가는 모습이 보였다.

“지가 뭘 알아? 돈이나 벌어오면 다지.”

“그러니까, 남편이 진짜… 참.”

그 말들은 칼이 아니라, 눅눅한 천으로 천천히 목을 조르는 느낌이었다. 나는 그 앞에서 아무 말도 하지 못했다.

숨을 참아야 하는 곳

그 시절 나는 늘 바깥에 있었다. 어디든 집이 아니면 됐다. 병원 진료가 끝나면 공원 벤치에 앉아 멍하니 하늘을 보았다. 겨울엔 찬 바람이 얼굴을 때려도 그대로 맞았다. 살아 있는 것 같아서. 적어도 거리엔 햇빛이 있었고, 낯선 사람들의 발걸음이 있었다. 버스정류장 벤치에 앉아 허리를 곧추세우지도 못한 채 천천히 숨을 쉬면, 세상이 조금은 나에게 말을 걸어주는 것 같았다. 밤이면 술집 불빛이 어쩐지 따뜻해 보였다. 사람들의 말소리, 웃음, 그 모든 게 나와는 상관없는 세상이었는데도, 그 속에 있고 싶었다. 나는 가끔 아무도 모르는 자리에서 조용히 소주 한 잔을 기울였다. 남들 얘기가 내 삶과는 아무 상관 없어도 그 자리의 소음은 집보다 더 인간적이었다.

집으로 돌아가는 길은 언제나 길었고, 발걸음은 늘 무거웠다. 집으로 향하는 현관 앞에 서 있으면 심장이 답답하게 조여 왔다. 현관 앞에 서면 손잡이를 잡는 손이 떨렸다. 문을 열면 나를 기다리는 건 반가움이 아니라, 냉담한 침묵과 싸늘한 시선이었으니까. 이런 분위기에서 어떻게 기댈 수 있을까. 어떻게 숨이라도 고를 수 있을까. 나는 스스로를 잃어갔다.

나는 늘 가정을 지키려 발버둥 쳤다고 믿었다. 하지만 집은 나를 밀어냈다. 아내의 말, 아이들의 침묵, 나의 절망. 그 어느 것도 서로에게 닿지 않았다. 결혼은 처음부터 틀어져 있었다. 하지만 진짜 큰 균열은 아내가 내 흉을 보던 그 순간부터였다. 아이들이 그 말투를 배워 나를 대하던 순간부터였다.

집에 들어서는 순간 신발장 위 던지가 먼저 나를 맞았다. 아내는 흘낏 쳐다보고는 고개를 돌렸다. 그뿐이었다. 마치 나 자신이 걸어 다니는 짐짝이 된 것 같았다. 아이들은 텔레비전 앞에 앉아 있었지만, 내가 온 것을 보고도 눈빛만 잠깐 던지고 다시 화면을 향했다. 그 짧은 눈빛 속엔 엄마에게서 배운 표정들이 그대로 비쳐 있었다. 식탁은 늘 어수선했다. 국그릇과 접시들이 아무렇게나 놓여 있고, 수저통은 기울어져 있었다. 아내는 책상 앞에서 종이 몇 장을 뒤적이며 무언가 중요한 사람처럼 굴었지만, 그 종이들이 실제로 어떤 역할을 하는지는 나는 끝내 알 수 없었다. 방 안엔 늘 싸늘한 기류가 흘렀다. 나는 내가 앉을 자리를 조심스럽게 찾고, 발소리까지 줄여 움직였다. 집이라는 공간이 내가 숨을 쉬는 곳이 아니라 숨을 참아야 하는 곳이 되어 있었다.

그리고 무너지는 삶

그래, 부부끼리는 흉도 볼 수 있다. 하지만 아이들 앞에서, 그건 아니었다. 아들, 딸은 그 말들을 들으며 자랐다. 엄마의 표정을 따라 했고, 말투를 따라 했고, 결국 나를 대하는 태도도 엄마와 닮아갔다. 나는 점점 더 집에 가기 싫어졌다. 문을 열고 들어서면 반겨주는 사람은 아무도 없었다. 아이들은 짧게 인사하고 돌아섰고, 아내는 눈도 제대로 맞추지 않았다. 집이라는 공간이… 울음도 허락하지 않는 곳이 되어갔다.

나는 그곳에서 사람 냄새를 맡지 못했다. 반겨주는 기척도 없었고, 나를 믿어주는 눈빛도 없었다. 집이라는 이름의 공간이 이토록 차갑고 이토록 적막할 수 있다는 걸 그때 처음 알았다. 그리고 그곳에서 나는 아주 천천히, 아무도 모르게 무너져 내리고 있었다.

나는 뒤늦게야 알았다. 가정은 벽으로 둘러싸인 공간이 아니라, 사람들이 서로 향해 내미는 온도라는 것을. 하지만 우리 집엔 온도가 없었다. 말만 있었고, 비난만 있었고, 그리고 그 사이에서 조용히 얼어붙는 나만 있었다. 지금도 가끔 그 시절을 떠올리면 몸이 먼저 추워진다. 숨 막히던 거실, 삐걱거리던 현관문, 아내의 차가운 목소리, 아이들의 짧고 공허한 인사. 돌아갈 수 없다. 돌아가고 싶지도 않다. 그때의 나는 너무 외로웠고, 너무 아팠고, 너무 버티느라 지쳐 있었다.

사람은 상처받은 마음을 어디에도 둘 곳이 없을 때, 비로소 가장 위험한 길로 걸어 들어간다. 나는 어느 순간부터 집보다 거리, 거리보다 어둑한 골목, 그보다 더 깊은 외로움 속으로 스스로를 미끄러뜨리고 있었다. 밤거리를 걸으면 가로등 불빛 아래 내 그림자가 길게 늘어졌는데, 그 그림자가 꼭 '집에 돌아가기 싫은 남자'의 모습을 하고 있었다. 나는 그 그림자를 바라보다가 문득 생각했다.

"나는 이 집의 가장이 맞는 걸까? 아버지가 맞는 걸까? 아니면 그냥… 돈을 가져다주는 사람일 뿐인가."

집으로 향하는 길이

가장 멀게 느껴지던 시절이 있었다.

문을 열면 반겨줄 얼굴이 없었고,

문을 닫으면 나를 받아줄 마음이 없었다.

그래도 닫힌 문 바깥에서야 숨이 트였다.

그렇게 나는 퇴근길마다 흘러나와

골목과 바다의 바람 사이를 떠돌았다.

머물 곳을 찾지 못한 마음이

스스로 길을 잃어가던 시절이었다.

머물지 못해 떠돌던 시간

갈 곳이 없어 떠돌다

병원에서 일 년 가까운 시간을 코내고, 다시 회사로 돌아갔다. 회사는 예전과 같았지만, 나는 더이상 예전과 같지 않았다. 하루의 끝에 집으로 가는 길, 불편했다. 아무도 반기지 않는 곳으로 쉽게 발길이 떨어지지 않았다. 애정도, 기대도 없었다. 그건 오히려 서늘한 감정이었다. 밤에 침대에 누우면 천장이 가끔 기울어 보였다. 집 안에 흩어진 말들, 말하지 않은 감정들, 그 모든 것이 마치 오래된 천장에 핀 곰팡이처럼 검게 번져 있었다.

그때 나는 이미 실수하고 있었다. 집에 있으면서도 집 밖을 그리워하는 실수. 집을 지키지 못하면서, 집 탓만 하는 실수. 하지만 그걸 그때의 나는 알지 못했다. 설명할 말도, 마음의 여유도 없었다. 그저 집 안의 모든 것이 나를 향해 등을 돌리고 있는 것 같았다.

퇴근한 뒤 어둡고 축축한 골목을 걸을 때면 문득 생각이 멎어버렸다. 집에 가까워질수록 몸이 무거워졌고, 현관 앞에서는 발이 돌처럼 딱딱해졌다. 어느 날은 아예 문고리를 잡지 못했다. 손목이 떨렸다. 문이 열리는 순간, 집 안의 공기가 나를 밀어낼 것 같았다. 나는 신발을 벗지 않고, 다시 그 골목으로 걸어 나왔다. 아내는 문이 닫히는 소리를 들었겠지만 나오지 않았다. 묻지도 않았다. 그날 이후, 내 발걸음은 점점 집에서 멀어졌다.

나는 처음엔 그냥 길을 걸었다. 조용한 공원으로, 바다로, 명확한 목적도 없이 계속 걷기만 했다. 걷다 보면 마음이 조금씩 비워지는 기분이었다. 숨을 들이마시면 뜨겁고 찬 것들이 동시에 가슴안으로 들어왔다. 그런 공기가 오히려 나를 진정시켰다. 바다 쪽으로 난 길에 서면, 파도 소리가 들렸다. 부서지는 물결 뒤로 커다란 선박의 실루엣이 드러났다가 사라졌다. 나는 그 앞에 오래 서 있었다. 바람이 세차게 불어 옷깃이 흔들렸지만, 그 바람이… 이상하게 위로가 되었다. 마음속에 오래 쌓인 먼지 같은 것들을 조금씩 걷어내는 느낌이었다.

어둠 속에서 바다에 비친 불빛들을 보고 있자니, 문득 집 안에서의 내 모습이 떠올랐다. 문을 열면 아내는 나를 보고도 아무 말이 없고, 아이들은 잠든 척 고개를 돌리던 그 몇 초의 장면들. 그 장면들이 바람을 타고 한꺼번에 밀려왔다.

'내가 이렇게까지 외면받아야 하는 사람인가…'

그 질문이 마음을 쿡 찔렀다. 대답할 수 없는 질문은 늘 내 안에 깊이 가라앉아 있었고, 밤바람은 그 질문을 다시 표면 위로 끌어올렸다. 나는 방파제 난간에 손을 올리고 하늘을 잠시 봤다. 별들은 희미했고, 구름이 깔려 있었다. 병원에서 누워 창을 보던 그날들이 잠깐 스쳤다. 병원에서의 나는 침대에 붙어 있는 채로 세상이 멀어져 가는 느낌이었고, 집에 돌아와서는 다시는 나를 원하지 않는 또 다른 세상과 마주해야 했다.

"내가 뭘 그렇게 잘못했나…. 언제부터 이렇게 된 거지?"

그 말을 입 밖으로도 내지 않고 입술만 움직였지만, 그 작은 움직임만으로도 마음이 땅 밑으로 가라앉는 것 같았다. 바람은 더 세졌고, 머리카락이 흐트러졌다. 나는 계속 걸었다. 바다를 지나 반짝이는 간판들이 늘어선 골목으로. 밤이 깊어지면 군데군데 남아있는 크레인의 경고등이 깜빡였다. 그 붉은 불빛은 마치 심장 박동처럼 규칙적으로 점멸했다. 내 심장은 그보다 더 빠르게 뛰고 있었다. 집에서 멀어지는 만큼 어떤 짐이 벗겨지는 것 같았다. 하지만 그 가벼움은 오래가지 않았다. 가벼움의 끝에는 늘 텅 빈 마음이라는 구멍이 있었고, 그 구멍은 밤마다 조금씩 더 커졌다. 비어 있는 마음은 위험했다. 그 빈 마음이 결국 나를 다른 곳으로 이끌었다. 그리고,

　　　　　　　　　　　　　　　　　　5. 떠도는 마음의 무게

그날—내 발길이 멈춘 곳이 있었다.

승부욕을 자극하다

어느 날, 발길이 멈춘 곳이 당구장이었다. 문을 열자 담배 연기와 따뜻한 조명, 진득한 땀 냄새와 공 튀는 둔탁한 소리가 순간 나를 눌렀다. 이상하게도 그 공기의 무게가 위로됐다.

"형, 왔어요?"

하숙 시절 함께 지냈던 후배 녀석이 그렇게 말했다. 대단한 말도 아니었는데도, 그저 나를 불러주는 소리였는데도, 그 말이 그날따라 가슴에 깊게 박혔다. 나는 당구대 모서리에 걸터앉아 짧게 말했다.

"집에 가기 싫다."

아무도 이유를 묻지 않았다. 모두 알면서도 모르는 척했다. 그게 나를 더 편하게 했다. 당구대 위에서 공들이 부딪히는 소리는 그날따라 유난히 크고 선명하게 들렸다. 그 소리는 내 안에서 부서지는 무언가와 똑같은 모양으로 울렸다. 그날 나는 오랜만에 큐대를 잡았다. 후배가 말했다.

"형, 사구 한 판 칠래요?"

가볍게 시작한 사구. 그런데 공을 치는 순간, 몸이 먼저 반응했다. 어렸을 때부터 지기 싫어했던 성격이 오랜만에 꿈틀거렸다. 빈 쿠션을 이용해 공을 밀어 넣고, 빨간 공과 흰 공의 각도를 재며 천을 스치는 큐 끝의 감각이 살아났다.

"형, 잘 치네?"
"옛날에 좀 했지."

후배 녀석이 감탄하듯 말했지만, 나는 이미 '게임을 이기고 싶은 마음'이 확 살아난 상태였다. 사구는 금방 질렸다. 내 안의 승부욕은 더 높은 판을 원했다.

"삼구 한 번 해볼까."

그 말을 꺼낸 건 나였다. 그날 이후, 나는 자연스럽게 삼구로 넘어갔다. 삼구는 사구보다 훨씬 어렵다. 공의 각, 회전, 세기 모든 것에 꼼꼼한 계산이 필요했다. 그 계산이 나를 잡아당겼다. 삼구를 치다 보니 당구장에 있던 상급자들이 하나둘 나와 맞붙자고 했다.

"형님, 한 판 하시죠?"

“아, 영걸이 형 오늘 컨디션 좋아 보이는데?”

그 말에 나는 웃으며 큐대를 들었다. 내가 잘하는 걸 사람들이 인정해주는 그 순간이 집에서 느끼지 못한 감정을 채워줬다. 승부가 붙었다. 나는 물러서는 사람이 아니었다. 지면 잠이 오지 않았다. 점차 판이 커졌다. 처음엔 몇만 원으로 시작했다. 치킨 사 먹을 정도 돈. 지면 아깝긴 해도 견딜 만한 금액. 하지만 ‘지기 싫다’는 마음은 언제나 사람을 한 단계 더 밀어붙인다. 몇만 원이 몇십만 원이 되고, 몇십만 원이 어느새 기본 ‘판돈’이 됐다.

“형, 오늘 삼십 갈까요?”
“그래, 가보자.”

그 짧은 말 한마디가 밤을 뒤흔들었다. 공이 쿠션에 맞고 꺾여 들어가는 순간마다 심장이 조금씩 빨리 뛰었고, 난 그 짜릿함에서 도저히 벗어날 수 없었다. 점점 더 강한 자극을 원했다. 그리고 어느 날, 당구장의 내기는 슬그머니 카드 판으로 이어졌다. 당구를 마치면 자연스럽게 술집으로, 그다음엔 노래방, 마지막엔 카드를 잡았다. 밤이 깊어질수록 내가 미끄러지는 속도도 빨라졌다. 카드 판은 당구와 달랐다. 당구는 기술과 집중으로 승부가 정해졌다면, 카드 판은 사람의 욕심, 두려움, 탐욕이 얼굴에 그대로 드러나는 세계였다. 패를 손에 쥘 때의 미묘한 땀, 조명 아래 반짝이는 카드, 누군가 책상을 '톡' 두드리는 순간 터지는 긴장감. 그 감각들이 나를 벗어나지 못하게 했다.

카드 판에 빠지다

처음에는 단순한 게임이었다. 시간을 죽이는 정도의 가벼운 재미. 그러나 얼마 지나지 않아 사람들의 눈빛이 달라졌다. 서로의 패를 읽는 데서 끝나지 않고 서로의 약점, 표정, 마음까지 훔쳐보려 했다. 나는 말이 적었고, 표정이 잘 바뀌지 않는 편이었다. 그 침묵은 상대에게는 곧 '위협'이었다.

"형은, 무슨 생각을 하는지 모르겠어요."
"나도 몰라."

나는 짧게 대답했다. 그 말은 농담처럼 들렸겠지만, 반은 진심이었다. 그때 나는 내 마음을 제대로 읽을 수 없었다. 집에서는 투명인간처럼 느껴졌고, 회사에서는 병원 냄새가 아직도 내 몸에서 나는 것 같았다. 그 속에서 누가 나를 어떻게 보던 별로 중요하지 않았다. 시간이 지나면서 판의 성격은 완전히 달라졌다.

나는 잃기도 했고, 따기도 했다. 다만, 하나는 확실했다. 따자마

    5. 떠도는 마음의 무게

자 곧장 은행으로 갔다. 따는 즉시 돈을 지갑에 넣지 않았다. 길 가다 음료수 하나 사지 않았다. 당구장 옆 담배 자판기도 보지 않았다. 오직 은행까지 걸어가 입금 버튼을 눌렀다. 그걸 본 노름판 사장이 말했다.

"형… 진짜 독하다니까. 다른 놈들은 현금 무게 느끼려고 들고 다니는데, 형은 따자마자 바로 꽂아버리네."

그 말이 퍼지고 사람들이 나를 '독한 놈'이라고 부르기 시작한 건 그 무렵이었다. 그때부터였다. 나는 더 깊은 판, 더 큰 돈이 오가는 세계의 문을 조금씩, 아주 조심스럽게, 그러나 분명히 밀어 열고 있었다.

속임수의 세계

다섯 명 중 셋이 '팀'을 이루어 짜고 치는 판. 처음엔 그런 짠 판이 얄밉고 더럽게 느껴졌지만, 이상하게도 나는 어느새 그 팀 안쪽에 들어가 있었다. 그 세계에는 '규칙'이 있었다. 우리만의 암호. 턱을 한 번 올리면 붙는다, 손가락을 두 번 튕기면 물러난다, 왼쪽 눈썹을 살짝 치켜뜨면 패가 좋다는 신호. 작은 몸짓 하나가 큰돈의 흐름을 바꿨다. 우리는 그 암호를 노트에 적어가며 공부했다. 낮에는 일하고, 밤에는 그 암호를 외웠다. 병원에서 배웠던 육체의 고통보다 이 암호들은 훨씬 더 깊게, 더 날카롭게 몸에 박혔다. 사람들은 서로를 흔들기 위해 도발하고, 욕하고, 감정을 긁었다.

"형, 그거밖에 못 치나?"
"오늘은 형 날이 아니다. 그냥 놓으라니까?"

나는 그런 말에도 크게 반응하지 않았다. 말을 아끼는 성격이었다. 침묵은 때로는 칼보다 더 위협적이었다. 그들이 나를 흔들려고 하면 오히려 그들이 먼저 흔들렸다. 그러다 결국 돈을 조금씩 더 걸기 시작했다. 몇만 원으로 시작한 판은 금방 몇십만 원이 되었고, 어느새 백만 원, 이백만 원이 오갔다. 후배들이 불안한 얼굴로 말했다.

"형, 너무 크게 가지 마요."
"그러다 훅 갑니다."
"괜찮다. 잃으면 말고."

나는 짧게 웃으며 손을 내저었다. 가벼운 말이었지만 그 말이 점점 더 위험해졌다. 사람은 '잃으면 달고'를 계속 말하다 보면 잃어도 아프지 않은 척하게 되고, 결국 더 큰 판으로 걸음을 옮기게 된다. 실제로 그랬다. 어느 날은 오백만 원짜리 판이 벌어졌고, 어느 날은 천오백만 원짜리 판이 열렸다. 방 안의 공기는 사람의 숨통을 조

    5. 떠도는 마음의 무게

이는 듯했다. 누군가는 침 삼키는 소리를 숨기지 못했다. 패를 돌릴 때 손끝에 스치는 땀 냄새까지 유난히 진하게 느껴졌다.

노름판에는 온갖 기술과 속임수가 넘쳐났다. 카드 마술 같은 손장난은 기본이었다. 패를 슬쩍 바꾸는 지저분한 기술, 특정 패의 모서리를 살짝 긁어 표시하는 수법, 그리고 더 나아가 안경이나 모자에 특수 렌즈를 달아 카드를 투시하는 장비까지 등장했다. 그 장비들은 수백만 원을 호가했다. 그러나 그 세계에서는 그런 장비가 '사치'가 아니라 '생존 기술'이었다. 나는 한밤중에 혼자 앉아 그 렌즈를 살까 말까 고민하기도 했다. 넘어가면 끝장이라는 걸 알면서도 아슬아슬한 선 위에서 계속 흔들리고 있었다.

통영이나 부산의 큰 판에서는 더 무서운 광경을 보았다. 보조를 데리고 다니는 전문 노름꾼들. 주인이 돈을 잃으면 뒤에 서 있던 보조가 조용히 가방을 열고 말했다.

"사장님, 여기요."

그리고는 두툼한 묶음을 아무렇지 않게 건넸다. 얼굴색 하나 바뀌지 않았다. 돈을 잃고도, 마치 아무 일 아니라는 듯 웃는 그들의 표정이 오히려 더 무서웠다. 그 세계의 돈은 흐르는 물 같았다. 잡히지 않았고, 잠시 머물렀다 사라졌고, 그걸 쫓는 사람들의 얼굴엔

탐욕과 허무가 동시에 번져 있었다. 그런 판을 드나들면서 나는 마음속으로 생각했다. '아, 이 세계는 내가 발을 들일 곳이 아니다.' 그러면서도 다시 돌아오고 있는 나 자신을 보며 스스로도 한심하게 웃었다.

끝내 손을 놓다

정확히 언제 그만두었는지 기억나지 않는다. 하지만 사람은 바닥에 닿으면 이상하리만큼 마음이 고요해진다. 그 고요함 속에서 깨닫는다.

'아, 이제는 안 되는구나.'

나는 그때 손을 놓았다. 갑자기 끊은 것이 아니라, 조용히, 천천히, 마음이 먼저 멀어지고, 손이 나중에 따라간 식이었다. 어느 날 후배가 말했다.

"형, 요즘 안 보이네요."
"갈 데가 아니다."

나는 대답했다. 그 한마디 뒤에 모든 사연이 담겼다. 지금 나는 술도 하지 않고, 담배도 하지 않고, 노름은 말할 것도 없다. 대신 오 토바이를 타고, 노래를 한다. 그 두 가지가 나를 살렸다. 돌아보면, 나는 누군가에게 인정받고 싶었던 것 같다. 아내에게도, 회사에도, 세상에도. 그 인정이 어디에서도 오지 않으니 나는 점점 집 밖으로 밀려났다. 그리고 결국 가장 위험한 세계까지 갔다.

하지만 기묘하게도 그 세계에서 나는 '돌아야 할 길'을 먼저 깨 달았다. 노름판의 공기는 차갑고, 돈은 따뜻하다. 그 온도차를 오래 마시면, 사람은 결국 무너진다. 나는 그 전에 뛰쳐나왔다. 그 결정이 나를 살렸다.

6화

싸움으로 버티고,
상처로 살아가다

집에 들어가면

사람의 목소리 대신

먼지와 정적이 나를 먼저 불렀다.

나에게 집은

머물기 위해 버티는 곳이 아니라

버티기 위해 거무는 곳.

그곳에서 나는

살아 있는지, 사라지고 있는지도

알 수 없는 사람이 되어갔다.

머물 자리 없는 곳에서 산다는 것

숨 막히는 집

집 문을 열면 가장 먼저 눈에 들어오는 것은 낡은 현관의 흐릿한 불빛이었다. 전구는 수년째 제 역할을 못 하는 듯 깜빡거렸고, 신발장 위엔 먼지가 작은 언덕처럼 쌓여 있었다. 신발 냄새, 오래된 눅눅한 방의 냄새, 그사이에 섞여 있는 알 수 없는 쿰쿰한 향, 그 모든 것이 나를 먼저 반겼다. 그러나 정작 사람들은 아무런 말도, 인사도 하지 않았다.

아내는 거실 한편에서 휴대폰을 붙잡고서 내 발소리가 들렸음에도 시선을 돌리지 않았다. 내가 들어왔을 때, 단 한 번도 반갑게 웃는 얼굴로 "왔어요?"라고 묻지 않는 집. 잠시라도 사람이 그리웠다고 말하지 않는 집. 살아 있지만 숨을 쉬지 않는 듯한 집. 나는 구두를 벗으며 늘 생각했다.

'집이라는 곳이 어떻게 이토록 싸늘할 수 있을까.'

처가에 처음 갔던 날을 아직도 잊지 못한다. 집 앞에 도착하자 바다 냄새와 술 냄새가 뒤섞여 내 코를 찔렀다. 문을 열자, 처남들이 큰소리로 웃고 있었고, 너무 큰 웃음은 때때로 싸움의 기운을 품고 있었다. 처남들은 모두 배를 타는 어촌계 사람들이었다. 술을 너무 좋아했고, 술만 마시면 허세와 욕설이 뒤엉켰다. 나를 본 그들은 겉으로는 반겼지만, 눈빛은 그렇지 않았다. 행동 하나, 말 한마디마다 꼭 내가 '낯선 사람'임을 확인시키려는 것 같았다.

어떤 날은 술기운에 "형님, 남자라면 좀 세게 살아야지."라며 치켜세우듯 말하고 바로 다음 순간 거친 말들을 쏟아냈다. 나는 그 말들에 속이 부글부글 끓었지만 결혼했으니 참아야 한다고, 어쨌든 한집안 식구가 됐으니 버텨야 한다고 스스로를 달래며 넘겼다. 그러나 그때 생긴 금은 지금까지도 깊게 남아있다.

아내와 처제는 전화를 하면 항상 목소리가 달라졌다. 평소엔 무심한 얼굴로 앉아 있다가도 전화기를 귀에 대는 순간 표정이 살아났다. 그 표정은 나를 향한 것이 아니었고, 누군가를 흉보며 내뱉는 차가운 즐거움 같은 것이었다. 그 말들을 들을 때면 나는 숨을 깊게 들이쉬었다. 그러면 폐 깊은 곳에서 뜨거운 기운이 올라왔다. 그리고 그 뜨거운 기운이 다리까지 내려가는 동안 내 안의 자존감이 조

6. 싸움으로 버티고, 상처로 살아가다

금씩 녹아내렸다. 더 무서운 건, 그 옆에서 조용히 듣고 있던 아이들이었다. 어린아이의 눈빛은 무섭도록 빠르게 어른의 표정을 따라 했다. 아내가 비웃을 때, 아이들도 비웃었다. 아내가 눈을 돌릴 때 아이도 그 방향을 봤다. 그때는 몰랐다. 그게 나중에 내 삶의 가장 깊은 상처가 될 줄은.

집이라는 폐허

집은 점점 폐허가 되어갔다. 우리 집은 항상 지저분했다. 그냥 지저분한 게 아니라 '살아 있는 사람이 맞나?'라는 생각이 들 정도였다. 아내는 요리를 제대로 하지 않고 음식을 하면 늘 대가족처럼 한꺼번에 왕창 만들고 맛도 없어서 아무도 먹지 않은 상태로 버리기 일쑤였다. 싱크대엔 설거지 그릇이 항상 높게 쌓여 있었고, 반찬 통은 겹쳐 찌든 기름 냄새를 뿜어냈다. 냉장고 문을 열면 검은 곰팡이가 치즈처럼 벽면을 끼고 있었다. 한 번은 냄비에 하얀 솜처럼 곰팡이가 피어 있었다. 손잡이 근처까지 번져 냄비 전체를 뒤덮은 모습이 마치 잊힌 폐건물의 벽 같았다. 나는 아내에게 말했다.

"이건 치워야지. 도대체 왜 이걸 그대로 두는 거야?"
"나중에 한다니까."

아내는 눈을 돌리며 말했지만 괜한 걸 묻는다는 말투였다. 그러고는 소파에 앉아 무표정하게 텔레비전을 봤다. 그날 밤 나는 집 밖으로 나가 한 시간 넘게 걸었다. 겨울바람이 볼을 때렸지만, 그 차가움이 집 안의 공기보다 훨씬 인간적이었다.

우리 집은 너무 지저분해서 여동생조차 우리 집에 오기 싫어했다.

"오빠, 난… 여기 오기 싫어."

집안 상태를 한 번 보고 난 뒤부터 여동생은 발길을 끊었다. 내 친구들이 집에 올까 봐 겁이 났다. 언제든 들를 수 있는 집이 아니라 누구에게도 보여주고 싶지 않은, 숨겨야 할 구멍 같은 집이었다. 너무 더럽고 엉망이라 예전에 이백오십만 원을 들여 청소업체에 맡겨 집을 정리한 적도 있다. 가구를 들춰내고, 묵은 먼지를 털고, 쌓인 짐을 죄다 밖으로 빼내는 동안 나는 그 장면을 멍하니 바라보고 있었다. 마치 다른 사람 집을 구경하는 것처럼.

하지만 깨끗해진 집은 오래가지 않았다. 얼마 지나지 않아 다시 예전 모습으로 돌아갔다. 특히 부엌에 쓰레기를 가져다 놓고 치우지 않는 아내의 행동은 정말 이해할 수가 없었다. 집은 점점 필리핀 판자촌처럼 엉망이 되어갔다. 십 년 넘은 낡은 이불을 그대로 쓰고, 구겨진 옷가지와 쓰레기가 뒤섞인 방. 다른 집에서는 그러지 않으

  6. 싸움으로 버티고, 상처로 살아가다

면서 우리 집에서만 이러니 내가 얼마나 답답하겠는가.

끝없는 추락

낮에도, 밤에도, 새벽에도 집 안 공기는 달라지지 않았다. 누가 들어와도 인사 없는 집. 함께 살면서도 서로에게 등을 돌린 채 사는 사람들. 남편을 흉보는 웃음소리가 벽을 타고 돌아다니는 집. 아이들까지 그 웃음을 따라 하는 집. 한 번도 나를 기다려준 사람이 없던 집. 거실에 앉아 있으면 마치 투명 인간이 되어버린 것 같았다. 내 존재는 말해도 들리지 않고, 쳐다봐도 보이지 않고, 아파도 느껴지지 않았다.

허리 통증이 심할 때면 내 몸은 마치 녹슨 기계처럼 움직였다. 어느 밤 나는 거실 바닥에 누워 숨조차 제대로 쉬지 못했다.

"아… 잠깐만… 허리가…"
"약 먹었어?"

말을 하려 했지만, 아내는 그 옆을 지나가며 무심하게 말했다. 그 말투. 불 켜진 냉장고보다 더 차가운 말투. 그 말만 남기고 아내는 방으로 들어갔다. 아이도 지나가면서 나를 힐끗 보고 아무 말 없이 방문을 닫았다. 그 순간 나는 천장에 비친 조명 불빛을 보며 스스로에게 물었다.

"나는… 이 집에서 대체 어떤 존재인가."

그 질문은 아직도 답을 찾지 못하고 있다. 그날 이후로 나는 마음속에 단단한 멍울 같은 것이 박혀 있었다. 말을 하면 닿지 않고, 도움을 청하면 돌아오지 않고, 아파도 아무도 눈길조차 주지 않는 집. 사람이 아니라 집 안의 오래된 가구 하나가 된 느낌. 거실 한복판에 있어도 배경처럼 취급되는 존재. 밥을 달라고 하면 아내는 한숨부터 쉬었다.

"아휴… 진짜… 알아서 좀 해 먹으면 안 돼?"

그러곤 냉장고를 대충 열어 차가운 밥그릇을 꺼내 식탁 위에 툭 던졌다. 반찬도 같은 방식으로 턱 내려놓았다. 그릇들이 탁자 위에서 부딪히며 탁— 소리를 냈다. 투덜거림도, 설명도, 정성도 없었다. 그저 '던져놓고 끝'인 식사. 식탁에 앉아도 밥을 먹을 수가 없었다. 밥을 먹으라는 게 아니라 대충 때우고 조용히 사라지라는 명령처럼 보였다.

나는 조용히 숟가락을 내려놓았다. 뜨거운 것이 아니라 차가움

　　　　　　　　　　　　6. 싸움으로 버티고, 상처로 살아가다

때문에 목이 막히는 밥상이었다. 그날 집을 나가서 여느 때처럼 술집으로 갔다. 돈만 내면 나를 반갑게 맞이해주는 곳, 함께 술을 마실 수 있는 친구들이 있는 곳, 술집이 차라리 위안이 되었다.

늦게까지 술을 마시고 비틀거리며 거제 바닷가를 걸었다. 밤의 해변을 걷다가 문득 시커먼 바다를 보게 되었다. 그때 형언할 수 없는 절망과 두려움이 몰려왔다. 내 인생이 완전히 실패했다는 것을 알았다. 내 인생의 실패는 돈도 직장도 부모도 아닌 내 가정이었다. 끊임없이 남편을 흉보는 아내, 괜찮다. 그럴 수 있다. 그러나 날 두렵게 한 것은 아이들 앞에서 아빠인 나를 흉본다는 것이었다. 내 아이들, 내 아들, 내 딸, 내 가슴에 가장 소중한 그 아이들에게 나란 존재는 괴물처럼 각인되고 있다는 사실이 형언할 수 없는 절망과 두려움으로 다가왔다. 어디서부터 잘못된 것일까? 어떻게 해야 이 문제를 해결할 수 있을까? 아무리 해답을 찾고 싶어도 도저히 해결될 수 없다는 사실만 더욱더 분명해졌다.

무시당하는 설움

그러다 문득 이런 생각이 들었다.

'그래도 내가 돈을 벌어오니까, 그래도 내가 가정을 지탱하고 있

으니까, 최소한 그 부분만큼은 인정하겠지.'

그 믿음이 남아 있었기 때문에 나는 어떻게든 버티고 있었다. 하지만 그 믿음마저 짓밟히기까지는 오래 걸리지 않았다. 나는 아내에게 처음부터 돈 관리를 온전히 맡기지 않았다. 아내가 돈 쓰는 것을 너무 헤프게 했고, 쇼핑할 때도 내가 이해할 수 없는 선택을 했기 때문이다. 물건을 살 때면 내가 마음에 들어 하지 않는 이상한 물건을 집어 들고는 판매자 편을 들었다. 마치 나와 상의하는 대신 처음 보는 사람과 한 편이 되는 것 같았다. 병원에 가서 의사 선생님 앞에서도 아내는 내 말을 끊으며 반박했다.

"아니에요, 선생님, 이 사람은 원래…"

그 말을 들을 때면 얼굴이 화끈거렸다. 내 몸 상태를 설명하는 자리에서조차 나는 존중받지 못했다. 그러던 어느 날 카드값이 매달 삼백만 원씩 빠져나가는 걸 보고 심장이 멎는 줄 알았다.

"이게 뭐야? 이게 다 뭐냐고!"
"그냥 뭐 좀 샀어."

아내는 아무렇지 않게 말했다. 나는 서랍을 열어 카드 명세서를 뒤적였다. 이름 모를 명품샵, 전혀 사용하지도 않는 생활용품들, 그리고 처남 이름으로 찍힌 차 대금 일부. 나는 아내에게 물었다.

"차를 왜 네 오빠한테 사줘?! 그걸 왜 내가 내야 되는데?"
"오빠가 힘들다잖아. 그럼 도와야지."
아내는 얼굴을 찡그리며 말했다. 나에겐 단 한마디의 상의도 없었다. 내가 난리를 치고 나서야 처남은 마지못해 나에게 백만 원을 손에 쥐어줬다. 마치 시혜라도 베푸는 사람처럼. 그날 밤 나는 오래된 종이 한 장에 이렇게 적었다.

"가족에게 무시당하는 삶이 이렇게나 길 줄 몰랐다."

잠시 숨이 트이다

어느 날 그 공허함이 갑자기 몸을 찔렀다. 아내는 소파에 기댄 채 하품을 했고, 아이들은 각자의 방문을 닫아걸었다. 싱크대엔 곰팡이 핀 냄비가 그대로 있었다. 부엌엔 비닐봉지, 냄새 나는 음식물, 미처 닫히지 않은 찬장문. 그 풍경의 한가운데 서 있는 내가 도저히 참을 수 없었다. 나는 갑자기 숨을 들이쉬기 힘들어졌고 가슴이 답답해서 거실 한쪽에 털썩 주저앉았다. 누군가 나를 도와주길, 누군가 물어봐주길, "괜찮아요?"라는 말 한마디라도 듣고 싶었다. 하지만 아무도 모른 척했다. 그 순간 마음속에서 이런 생각이 들었다.

'내가 무너져도 이 집은 아무렇지 않겠구나.'

그 깨달음이 너무 서러워 정말로 울음이 터질 뻔했다. 그날 밤 도망치듯 집을 나왔다. 한 시간도, 두 시간도 걸었다. 걷다 보니 다리에 힘이 빠져 주저앉을 것 같았다. 그때 지갑 속에서 구겨진 종이 한 장이 손끝에 잡혔다. YMCA 상담실 번호가 적힌 메모. 누군가 지나가듯 힘들면 한 번 가보라며 전해준 메모였다. 그때는 흘려들었지만 그날 밤 그 종이가 바다에 빠진 사람에게 떠오른 조각배처럼 느껴졌다.

나는 핸드폰을 꺼내 손이 떨리는 채로 번호를 눌렀다. 벨소리가 울리는 동안 가슴이 쪼여드는 느낌이 들었다. 전화가 끊기면 어떡하지. 받으면 또 무슨 말을 해야 하지. 정말 여기를 찾아가도 되는 걸까. 그러나 상담사는 침착하게 말했다.

"언제든 오세요. 그냥 앉아 있기단 해도 됩니다."

그 말이 그때의 나에겐 어디에서도 듣지 못했던 처음이자 마지막 온기였다. 그 말 한마디로 나는 그 다음 주, YMCA 문 앞에 서게 되었다. YMCA 상담실 문을 여는 순간, 손바닥에 땀이 차 있었다. 마치 오랜만에 누군가 앞에 서는 느낌이었다. 상담사는 따뜻하게 웃었고 창문엔 아침 햇빛이 조용히 내려앉아 있었다.

　　　　　　　　6. 싸움으로 버티고, 상처로 살아가다

"괜찮습니다. 말하고 싶은 것이 있을 때까지 기다릴 수 있어요."

나는 말을 꺼내려 했지만 목이 먼저 막혔다. 입술이 떨렸다. 가슴속 깊은 곳이 뜨거워지더니 눈물이 먼저 차올랐다. 아무 말도 하지 못했는데도 상담사는 조용히 끄덕이며 기다려주었다. 그 '기다림'이라는 행동 하나가 몇십 년 동안 한 번도 받아본 적 없는 존중이었다. 상담이 몇 번 더 이어지면서 나는 조금씩 삶을 이야기하기 시작했다. 아내 이야기, 처가 이야기, 아이들 이야기까지. 그리고… 집에 돌아가고 싶지 않은 밤들. 상담사가 말했다.

"당신은 잘 버티고 계신 겁니다. 그 상황에서도 무너지지 않고 여기까지 온 것 자체가 굉장한 일입니다."

그 말을 듣는 순간, 내 안에 단단하게 굳어 있던 무언가가 살짝 흔들렸다. 마치 얼어붙은 강의 얼음이 아주 미세하게 금이 가는 정도. 집으로 돌아가는 길 오랜만에 바람이 시원하다고 느꼈다. 한동안 없었던 기분이었다. 하지만 현관문을 여는 순간 냄새, 공기, 표정, 정적…. 모든 것이 그대로였다. 아내는 소파에 앉아 티비를 보고 있었고, 아이들은 제 방 문을 닫고 있었다. 싱크대에는 여전히 설거지 그릇이 쌓여 있었다. 상담실에서 조금이라도 가벼워졌던 마음이 현관에 발을 딛는 순간, 다시 납덩이처럼 가라앉았다. 나는 구두를 벗으며 천천히 한숨을 내쉬었다. 상담은 분명 도움이 되었지만 현실은 변하지 않았다. 그날 밤 수첩 한 모서리에 나는 짧게 한 줄을 적었다.

'사람 앞에 서면 숨이 트이고, 이 집 안에 들어오면 숨이 막힌다.'

삶을 버틴 이유

내가 집을 나가든 들어오든 아는 척도 하지 않았다. 그 모습을 아이들이 그대로 보고 자랐다. 아내와 처제가 내 앞에서도 전화로 서로 남편 흉을 볼 때, 아이들은 옆에서 조용히 듣고 있었고, 그 말들이 아이들 몸에 스며들었다. 심지어 아들은 중학교 3학년이 되면서 등치가 커졌다는 이유로, 엄마 편에 서서 나에게 덤비기 시작했다.

"엄마 말이 다 맞잖아. 아빠가 잘못한 게 많잖아."

그 말 한마디에 나는 온몸이 굳어버렸다. 내 말을 들어주기는커녕 무시하고 흘려듣는 아들. 몸에 배어버린 습관처럼 나를 깔보는 태도. 그게 너무 서글펐고, 지금도 그 생각만 하면 마음이 우울해진다. 아들과 함께 다시 YMCA에서 상담을 받기로 했다. 아들과 함께 상담을 다니며 관계가 조금 나아지려는 순간, 아들의 입대 영장이 나왔고 상담은 흐지부지 끝나고 말았다.

    6. 싸움으로 버티고, 상처로 살아가다

내가 밖으로 돌고 돈을 아무리 많이 벌어와도, 나를 반겨주는 사람은 없었다. 지금도 나의 가장 큰 고민은 아들 문제다. 이것이 내 삶의 가장 큰 걸림돌이다. 너무 억울하고 서글퍼서 눈물이 날 때가 많다. 때로는 모든 것을 버리고 홀로 떠나고 싶은 충동에 몇 번이나 짐을 쌌다가 다시 풀기를 반복했다. 하지만 딸아이가 그래도 엄마 편을 들면서도 내게 조금이나마 정을 주고 이야기를 들어줄 때, 나는 그만 무너진다. 그 아이 때문에 아직도 이 가정을 떠나지 못하고 있다.

나는 부모님이 이혼하셨기 때문에 한 여자와 끝까지 살아야 한다는 고정관념 같은 것이 있다. 그래서 계속 참고 살았다. 그러나 자식마저 나를 흉보고, 깔보는 현실은 지금도 견디기 가장 힘든 부분이다. 그럴 때마다 어릴 적 신문팔이를 하며, 신문 여백에 낙서하던 버릇이 다시 살아났다. 지금도 나는 혼자 마음속 이야기를 글로 쓰는 것으로 겨우 숨을 돌리곤 한다.

사는 재미가 없으니 나는 글을 쓰기 시작했다. 신문 뒷면에, 영수증 뒷면에, 포장지 구겨진 면에 어디든 글을 적었다. 글을 쓰는 시간만큼은 내가 사라지지 않는 사람이 되는 것 같았다. 줄 사이사이로 가슴속 언어가 서서히 흘러나왔다. 몇 번이나 짐을 쌌다. 정말로 떠나려고 했다. 하지만 딸아이가 방문을 열고 말하곤 했다.

“아빠… 어디 가?”

그 말 한마디면 나는 가방을 다시 풀었다. 그 아이가 나를 붙잡는 유일한 실이었다. 그러면서도 나는 마음속에서 조용히 다짐했다.

“언젠간… 떠날지도 모른다. 아무도 모르게.”

어쩌면 그 생각이 나를 버티게 했다.

"

떠난 사람 뒤에 남겨진 자리엔

슬픔보다, 말하지 못한 마음들이

더 오래 남아

내 안에서 조용히 계속 살아 있었다.

그리움은 쉽게 끝나지 않는다는 걸

그때야 비로소 배웠다.

떠난 사람을 잊지 못하는 이유는

사랑을 다 받지 못해서가 아니라

사랑을 다 건네지 못했기 때문이라는 걸,

그날 처음 알았다.

"

끝내 삼키지 못한 말

갑작스러운 이별

어머니가 돌아가셨다는 소식을 들은 건 정말 평범한 하루였다. 아무런 예고도 없었다. 전화기 너머에서 울음 섞인 목소리가 들려왔을 때, 내 몸이 먼저 반응했다. 이유도, 질문도, 정리도 없었다. 뜻밖이었고, 너무나도 갑작스러웠다. 그냥 차에 올라탔다. 그때의 나는 핸들도, 도로도 보지 못했다. 숨만 헐떡이며 '어머니'라는 말 하나만 좇고 있었다.

병원에 도착했을 때 하얀 시트 위에 누워있는 어머니는 믿기지 않을 만큼 조용했다. 숨소리도, 체온도, 그 바쁜 손놀림도 모두 사라져 있었다. 나는 흔들리는 다리로 다가갔지만, 끝내 닿지는 못했다. 손을 뻗었다가 도망치듯 내렸다. 만지면 정말 영영 이별이 될 것 같았다.

   6. 싸움으로 버티고, 상처로 살아가다

"보호자 되시나요?"

누군가 말했다. 그 말이 갑자기 세상을 뒤집었다. 슬픔보다 먼저 책임이 덮쳤다. 서류에 서명하고, 장의사와 이야기하고, 빈소를 예약하고, 상복을 입고, 식장을 정하고, 사람들을 맞이했다. 울 틈도 없었다. 아들이 아니라, 장례를 치르는 사람으로 서 있었다. 회사 동료들이 줄지어 찾아왔다. 어깨를 두드리고, 고개를 숙이고, 인사를 건넸다. 장례비와 병원비로 천백만 원 정도가 들었지만 부조금이 모자라지 않고, 남았다. 남는 것이 오히려 더 아팠다. 돈이 남았다는 사실이 어머니의 빈자리를 증명하는 것 같아서. 이제는 더 이상 돈을 쓰고 싶어도 쓰고 싶었던 사람은 없다, 그 사실이 너무 잔인했다.

밤이 되자, 사람들이 하나둘씩 돌아갔다. 향 냄새가 식어가고 애도도 비탄도 없는 애매한 고요가 찾아왔다. 나는 장례식장 한구석 의자에 앉아 아무 말도 하지 못하고 그저 울었다. 한 번 울음이 새어나오자 참을 수가 없었다. 울음은 몸속에서 오래된 칼처럼 터져 나왔다. 그때 문이 조용히 열렸다. 아버지가 들어왔다. 그 순간, 느낌이 폭발했다. 미움, 원망, 그리움, 서러움, 외로움, 모든 감정이 한꺼번에 섞여 목을 조이고 가슴을 무너뜨렸다.

아버지는 아무 말 없이 내 옆에 앉았다. 그저 숨을 쉬고 있다는 사실만 확인되는 조용한 존재처럼. 나는 고개도 들지 못한 채 울음을 억누르고 있었지만, 아버지가 있다는 사실만으로도 가슴안에서 오래 묻어두었던 감정들이 뒤엉켜 올라왔다. 나는 그사람을 미워했다. 나와 어머니를 힘들게 하고 떠났던 사람. 집안에 폭풍처럼 상처만 남기고 사라졌던 사람. 어린 나를 지켜주지 않았던 사람. 그런데 또, 인정하기 싫지만 나는 그 사람을 그리워하기도 했다. 아버지를 기다린 날이 있었다. 아버지가 다시 돌아오길 바란 날도 있었다. 어릴 때, 아버지가 칭찬을 단 한 번만 해주길 바랐던 날들이 있었다. 그건 분명했다. 그 모든 감정이 빈소의 작은 의자 위에서 한꺼번에 나를 삼켰다.

미워한 시간의 깊이

아버지는 한참 동안 침묵을 지켰다. 나는 그 침묵이 가장 무서웠다. 말하면 모든 것이 무너질까 봐. 말을 안 하면 다시 예전으로 돌아갈까 봐. 그때의 침묵은 어떤 말코다 더 무거웠다. 평생 다투고 멀리했던 두 사람 사이에서 남은 것은 서로를 미워한 시간뿐이었다. 그러나 그날 아버지의 표정은 처음 보는 모습이었다. 후회와 공허와 실수가 뒤섞인 얼굴. 침묵 속에서 아버지 입에서 작게, 입술이 떨어지지도 않는 소리로 말했다.

  6. 싸움으로 버티고, 상처로 살아가다

“영걸아…. 네가 너무 고생했다.”

그 한마디가 내 가슴을 칼처럼 갈랐다. 미움으로 쌓아 올린 벽이 무너지지도, 단단히 서 있지도 못한 채 울음 속에서 갈피를 잃었다. 나는 대답하지 못했다. 그 한마디가 오히려 더 아팠다. 그 말을 조금만 더 일찍 들을 수 있었다면.

“왜 이제야….”

입 밖으로 내지도 못한 말이 목에서 울부짖었다. 조금만 더 일찍, 조금만 더 어릴 때, 조금만 더 가까운 순간에 그 말을 들을 수 있었다면 어땠을까? 그러나 지나간 시간은 되돌릴 수 없었다. 어머니는 이미 떠났고, 아버지는 그 빈소에서야 처음으로 나에게 말을 걸었다. 나는 그때 처음 깨달았다. 사람은 죽으면 끝나는 것이 아니라 남아있는 사람들을 파괴하거나 붙드는 방식으로 계속 살아있다는 걸. 어머니의 부재는 나를 붙잡았고, 아버지의 존재는 나를 찢었다.

두 사람 사이에 끼어 살았던 지난 인생이 그 작은 빈소 한가운데에서 비로소 정체를 드러냈다. 나는 울면서도 아버지의 손을 잡지 못했다. 붙잡으면 화해일까, 안 잡으면 미움일까, 둘 중 어느 것도 선택할 수 없었다. 그래서 그냥 그 자리에서 조용히 울었다. 아버지는 내 모습을 한참 바라보다 천천히 자리에서 일어섰다. 그때 나는 알았다. 아버지도 도망치는 중이라는 걸. 그 사람도 평생 말하지 못하고 견뎌낸 감정의 균열이 그 작은 빈소에서 흔들리고 있었다. 아버지는 문 앞에 서서 잠시 멈췄다. 뒤돌아볼 듯, 아닌 듯, 망설이다가 조용히 말했다.

"영걸아…. 네가 잘 살아줘서…. 다행이다."

미안함의 표현이었을까? 하지만 나는 끝내 답하지 못했다. 아버지는 그렇게 나간 뒤 다시 강하게 다가온 적은 없었다. 그러나 나는 그날 이후로 안다. 아버지는 내게 상처였고, 어머니는 내게 지지대였고, 이 두 사람 사이에서 익힌 침묵이 지금의 나를 만들었다. 그날 이후 나는 원망과 그리움이 동시에 가슴에 남을 수 있다는 걸 처음 알았다. 사랑은 사라지지 않아도 표현은 늦을 수 있다는 것도. 그리고 늦은 사랑은 때로 가장 날카로운 상처가 된다는 것도.

손 대신 숨으로 사랑하던 사람

어머니는 사랑을 말로 하는 사람이 아니었다. 표현도 없었고, 칭찬도 없었다. 싸늘해 보이고, 서툴러 보이고, 심지어 무뚝뚝했다. 나는 얼마 전까지도 내가 어려서부터 사랑을 받지 못하고 자랐다고 생각했다. 그런데 이상하게도 내게 도움이 필요한 상황에서 어머니

     6. 싸움으로 버티고, 상처로 살아가다

는 항상 내 앞에 먼저 와 있었다. 빨래 더미에서 온몸에 기름때 묻은 내 바지를 꺼내다가 세제를 바르고, 손톱을 다 닳도록 비벼 빨던 손. 내가 열악한 일터에서 기계 소음에 시달리고, 쇳가루에 덮여 집에 오면 말은 한마디도 안 하면서 그 옷을 다 빨고 말려서 말없이 새 옷을 건네던 손. 직접 표현은 못 했지만, 당신은 사랑을 몸으로 실행하는 사람이었다.

어머니는 내 결혼 문제에도 적극적이었다. 그 결과가 지금의 이 불행이든, 잘못된 선택이든 어머니가 그 길을 열어 준 건 아들을 위해서였다. 대가를 바라지 않은 서투른 사랑이었다. 어머니는 나를 원망한 적이 없고, 불평한 적도 없었다. 하지만 나는 어머니에게 마음을 다 보여준 적이 한 번도 없다. 그게 내 평생의 부채다. 동생들을 생각하면 그 부채가 더 깊어진다. 어머니는 끝까지 나를 보살핀 것처럼 내가 동생들을 보살피길 바랐다. 동생들에게 무언가 해주려 할 때마다 어머니 얼굴이 겹쳐 보인다. 그때마다 목이 메고, 눈물이 먼저 나온다.

어머니는 육십 대였다. 죽기엔 너무 이른 나이였다. 어느 날 귀가 좁아졌다는 말을 듣고 병원에 다녀오셨다. 고막 시술을 받고 돌아오셔서 낮잠을 자다 다시 깨어나지 못하셨다고 했다. 어떤 병원이었는지 어떤 치료를 받았는지 지금도 아무도 모른다. 정확히 무엇이 원인이었는지 알 수 없는 상황이었다. 어머니는 외삼촌이 발견했다. 어머니가 발견됐을 때 코에서 피가 나 있었다고 한다. 외삼촌도 말했다.

"이거… 너무 이상한데…"

하지만 추적할 단서도 없고, 묻어야 할 시간만 빨리 다가왔다. 무엇인지 풀리지 않는 억울함을 안고 갈 수밖에 없었다. 우리는 그냥 죽음을 받아들이는 수밖에 없었다. 그렇게 떠난 사람 앞에서 남은 사람들은 평생 의심과 후회를 안고 살아가야 한다. 어머니의 죽음은 정리된 사건이 아니라 지금도 마음속에서 계속 이어지는 미완의 문장이다.

결론이 없는 그리움

어머니는 직접적으로 사랑한다고 말하지 않았고, 내가 필요할 때 와달라고 소리치지도 않았다. 그러나 그 사람은 항상 있었다. 묵묵히, 불편하게, 서툴게…. 그러나 끝까지 내 편이었다. 나는 그걸 너무 늦게 알았다.

장례가 끝난 뒤, 사람들이 모두 떠난 빈소에서 나는 제일 크게 흔들렸다. 세상 어느 누구도 나를 기다리지 않던 그 삶 속에서 유일

   6. 싸움으로 버티고, 상처로 살아가다

하게 말없이 나를 기다려준 사람이 사라졌다. 그 사실이 가족 갈등보다, 가난보다, 고통보다, 어떤 모욕보다 더 견디기 어려웠다.

어머니에 대한 기억은 늘 뒤늦게 찾아온다. 가끔은 선명하고, 가끔은 흐릿하고, 그러나 한 번 떠오르면 마음을 휘젓고 지나간다. 철원에서 살던 어린 시절. 겨울이 길고 깊어 저녁이면 다 얼어붙던 방에서 나는 얇은 이불을 뒤집어쓰고 떨고 있었다. 그때 어머니는 아무 말 없이 군불을 피우고, 누런 솜이불을 내 몸에 덮어줬다. 한참 뒤에야 이불 위로 내 머리카락을 한 번 쓰다듬고 가는 손길이 느껴졌다. 그 한 번의 손길 때문에 그 긴 겨울을 버틸 수 있었다.

홍릉 판잣집에 살던 시절. 학교에서 돌아오면 배가 고파 손이 떨렸다. 식탁에는 늘 아무것도 없었지만, 어머니는 어디선가 군밤 몇 알, 뜨끈한 호떡 한 장 손에 쥐어 왔다. 그걸 반으로 갈라 반은 내 입에, 반은 동생 입에 넣어주고 본인은 아무렇지 않은 얼굴로 깨진 컵에 물을 마셨다. 그때 나는 몰랐다. 어머니가 안 먹은 것이 아니라 먹지 못한 것이었다는 것을.

서울로 올라와 신문팔이 생활을 하던 시절. 쫓겨나듯 다시 집으로 돌아왔을 때, 나는 세상에서 가장 무기력한 표정으로 문 앞에 서 있었다. 그 순간 아무 말 없이 어머니가 내 손에서 가방을 빼앗듯 받아 들고, 이불을 펴주고, 밥을 차려주고, 그릇을 다 치워주고, 내가 잠들 때까지 말없이 옆을 지켜준 날이 있었다. 그날 밤 어머니는 내게 아무 말도 하지 않았다. 하지만 그 침묵이 세상에서 가장 따뜻한 편이 되어주었다.

병원에서 일 년 가까이 누워 지냈을 때, 소독약 냄새와 땀 냄새가 뒤섞인 공기 속에서 매일 버티는 날들이 이어졌다. 거동도 불편하고 정신도 흐려 힘들다는 말조차 하지 못하던 어느 날, 문간에 그림자 하나가 비쳤다. 어머니였다. 과일 한 봉지를 들고, 한쪽에 앉아 조용히 나를 바라보던 눈. 내가 치료받는 모습을 보며 표정 하나 바뀌지 않았지만, 그 주름진 눈가에 분명한 고통이 있었다. 그때도 나는 그 표정을 온전히 읽어내지 못했다.

그래서 장례가 끝난 빈소에서 향 냄새가 거의 꺼져갈 무렵, 문득 이런 장면들이 쏟아져 밀려올 때 나는 그대로 무너졌다. 그때는 잘 몰랐어요. 어머니가 나를 얼마나 사랑했는지. 나도 어머니를 사랑했습니다. 말하지 못한 말들은 시간이 지나도 사라지지 않는다. 더 선명해지고, 더 무거워지고, 더 절실해진다. 어머니는 떠났지만, 그 빈자리는 지금도 내 삶을 움직이는 가장 큰 힘이다. 살아온 모든 길 뒤편에는 말 없는 사랑이 있었다는 사실을 이제야 아는 것이, 가장 서글프다. 그리움은 끝나지 않는다. 사랑도 끝나지 않는다. 부채도 끝나지 않는다.

　　　　　　　　6. 싸움으로 버티고, 상처로 살아가다

"

사람들이 보기에는 싸움이었다.

하지만 내게는 살아남기 위한 반응이었다.

죽기 살기로 싸운 것이 아니라,

살기 위해 죽을 맛으로 버틴 것이었다.

무시가 손목을 잡으면 손이 먼저 움직였고,

공포가 가슴을 누르면 분노가 먼저 올라왔다.

지키고 싶은 건 자존심이 아니라

짓밟히고 싶지 않다는 생의 감각,

그 한 조각이었다.

"

폭발하는 마음, 부서지는 몸

끊이지 않는 갈등

허리 부상을 딛고 병원 생활을 끝낸 뒤, 나는 다시 현장으로 돌아갔다. 그때 배정된 곳이 트랜스포터 팀이었다. 거대한 블록을 운반하는 일. 블록운반부는 철판과 철판으로 만들어진 블록을 쉴 새 없이 운반하는 생산지원부서다. 이전 부서에서 나를 괴롭히던 사람들은 더 이상 없었다. 그건 분명 다행이었다. 하지만 문제는 사람을 바꾼다고 삶이 바뀌는 게 아니라는 사실이었다. 누군가가 나를 스치듯 말할 때, 말끝이 조금만 날카로울 때, 웃음 속에 깔린 조롱이 들릴 때, 내 몸속에서는 늘 같은 반응이 일어났다. 발작 버튼.

그 생각이 들면 이성은 뒤로 밀려났다. 입술부터 말라붙고, 손가락이 떨리고, 가슴속에서 뜨거운 피가 올라왔다. 어릴 적부터 반복되어 온 모욕감, 무시, 비웃음, 열등감, 공포, 분노… 그 모든 것이 한꺼번에 터져 올라왔다.

트랜스포터 팀의 동료 중에 특전사 출신이라고 떠벌리던 남자가 있었다. 몸집도 크고, 목소리도 컸다. 사람을 무시하는 말을 쉽게 내뱉었다. 여러 사람이 그 말에 상처를 입었다. 어느 날은 나에게 그 무시의 칼날이 날아왔다. 그 순간 머릿속이 하얘졌다. 주변 소리가 멀어졌다. 그의 말이 아니라, 말의 질감이 나를 건드린 거였다. 비웃음. 무시. 깔봄.

"다시 말해봐."

내가 그렇게 말했는지, 속으로 되뇌었는지 기억이 없다. 기억나는 건 각목이 손에 쥐어져 있었다는 것. 그리고 내가 내려쳤다는 것. 둔탁한 소리가 들렸고, 사람들 뛰어오는 소리가 들렸다. 여기저기서 고함 소리가 들렸고, 피가 흘렀다. 나는 그 자리에 그대로 서 있었다. 누군가 날 잡아끌었고 특전사였던 그도 사람들에 이끌려 갔다. 나는 아무 말도 하지 않았다. 후회도, 안도도, 자책도 없었다. 그저, 나를 무시한 것에 대한 응징이 끝났다는 느낌뿐. 치료비를 청구할 수 있었지만, 그는 아무 말도 하지 않았다. 아무 일 없었다는 듯 지나갔다.

또 어느 날은 다른 팀의 해병대 출신 반장이 우리 팀 직장님에게 막말을 내뱉었다. 욕설과 고압적인 태도로 사람을 함부로 대했다. 나는 참지 못하고 나섰다.

"선 넘지 마."

그 반장은 웃으며 나를 위아래로 훑었다. 그리고는 주저 없이 내 뺨을 때렸다. 뺨이 아니라 존재 전체를 후려친 느낌이었다. 그 순간 현장이 어둠으로 가라앉았다. 모든 것이 느리게 움직였다. 내 손이 먼저 바닥의 돌멩이를 잡았던 것도 기억난다. 던질 생각이 아니라 끝장을 볼 생각이었다. 사람들이 달려들어 말렸다. 싸움은 멈췄다. 하지만 나는 멈춘 게 아니었다. 퇴근 후까지 분노는 한 번도 식지 않았다.

나는 그 남자를 찾아가려고 했다. 그 사람이 타는 차를 기다렸다. 하지만 그날 그는 다른 차로 도망치듯 나갔다. 다음날 우리 반장이 나서서 사과를 받아냈다. 사과라기보다 '형식적인 멘트'였다. 그러나 그 일을 겪은 뒤 나는 직장 내에서 다른 이름으로 불리게 됐다고 들었다. 나는 웃지도, 화내지도 않았다. 그저 딱 알았다. 그래, 이 세계에서의 내 역할은 '폭발하는 사람'이구나.

독종

사람들은 나를 '독종'이라 불렀다. 맞다. 나는 독했다. 독하지 않으면 살아남지 못했기 때문이다. 나는 작았고, 약했다. 말도 느렸고,

6. 싸움으로 버티고, 상처로 살아가다

사람들 속에서 서툴렀다. 누가 나를 밀면 그대로 밀렸고, 누가 웃으면 같이 웃는 척했지만, 속에서는 쓴맛이 돌았다. 그 시절 나에게 학교와 골목, 공장은 모두 같았다. 서열을 만들고, 약자를 시험하고, 누군가를 밀어붙이며 자신이 살아있다는 걸 확인하는 곳. 나는 그 모든 것에 제일 먼저 걸리는 사람이었다.

그리고 어느 날, 아주 단순한 결론을 얻었다. 약하면 끝이다. 약하면 누구도 내 편이 아니다. 그 뒤부터 나는 절대 먼저 무너지지 않겠다고 다짐했다. 누군가가 나를 조롱하고, 몰아붙이고, 뒤에서 흉보고, 앞에서 무시할 때 나는 가만히 있지 않았다. 맨주먹으로 안 되면 이를 악물고, 몸으로 안 되면 입으로 물어뜯고, 그래도 버티지 못하면 주변에 있는 무엇이든 잡아 휘둘렀다. 내가 바닥에 깔려도, 피를 흘려도, 울고 있어도, 몸으로 패배하는 대신 상대가 절대 잊지 못할 흔적을 남기고 싶었던 것이다. 상대가 두 번 다시 나를 건드릴 생각조차 못 하게, 함부로 대하지 못하게 해야 했다. 그게 나의 복수였고, 방어였고, 살아남는 방식이었다. 사람들은 말했다.

"저 사람은 건들면 안 된다."

나는 그 말이 칭찬 같게 들린 적도 있었다. 적어도 무시당하지는 않으니 나쁘지 않다고 생각했다. 비뚤어진 인정이었지만, 그 순간만큼은 사람 취급받고 있다는 감각이 있었다. 그러나 그 말은 결국 내가 얼마나 외로운 삶을 살아왔는지 증명하는 말이기도 했다.

시간이 흐르면서 그 말은 칭찬이라기보다 낙인이라는 걸 알게 됐다. 나는 건드리면 안 되는 사람, 말이 안 통하는 사람, 분노가 먼저 올라오는 사람, 어디에 있어도 싸움이 일어나는 사람이었다. 사람들이 멀리하기 시작했다. 나를 무서워했지만, 존중한 건 아니었다. 피하고, 경계하고, 뒷말을 했다.

나는 사람을 밀어냈다. 사람이 무서웠기 때문이다. 상처가 무서웠기 때문이다. 다시 무시당할까 봐 두려웠기 때문이다. 그래서 나는 힘을 쥐려고 했다. 분노를 갑옷처럼 입고 살았다. 눈빛을 칼처럼 세우고 살았다. 누가 나를 건드리기 전에 내가 먼저 위협이 되고 싶었다.

"나를 무시하지 마!"

그 말 하나만을 안쪽에서 씹어 삼키며 살았다. 그 시절을 생각하면 내가 누구보다 날카롭게, 폭발적으로, 독하게 살았던 이유는 결국 하나였다. 누군가 그 버튼을 건드리면 나는 생각보다 더 빠르게, 더 세게, 더 위험하게 폭발했다. 하지만 정작 아무도 묻지 않았다.

"왜 그렇게 세게 살 수밖에 없었는지."

                    6. 싸움으로 버티고, 상처로 살아가다

"그렇게까지 독하게 버텨야 했던 이유가 뭔지."

사람들은 내가 센 사람이라고 생각했겠지만, 나는 센 사람이 아니었다. 상처가 많아서 쉽게 터지는 사람이었다. 누구보다 무너지는 속도가 빨라서 누가 보기 전에 먼저 위협적인 척한 것뿐이었다. 한 번도 제대로 존중받아본 적이 없었기 때문에, 한 번도 누군가에게 믿어볼 수 없었기 때문에, 한 번도 약해도 괜찮다고 말해준 사람이 없었기 때문에, 나는 평생 이기기 위해서가 아니라 절대 무릎 꿇는 사람이 아니라는 걸 증명하기 위해 싸웠다. 죽기 살기로 싸운 것이 아니라 살기 위해 죽을 맛으로 싸운 것이었다. 그게 나의 잘못이면서, 그게 내가 살아남은 방식이었다. 그리고 지금도 완전히 벗어나지 못한, 내 안의 오래된 그림자다.

두 번째 사고

허리 수술을 버티고, 재활을 버티고, 다시 현장으로 돌아갔을 때 나는 이미 조금 낡아 있었다. 그러나 공장은 그런 것엔 관심이 없다. 기계는 기름만 먹으면 되고, 사람은 월급만 먹이면 된다고 믿는 세계였다. 나는 다시 일을 잡았다. 트랜스포터 작업. 바퀴가 수십 개씩 달린 괴물 같은 운반 장비다. 거대한 블록을 운반하는 일은 쉬운 일이 아니었다. 거대한 블록이 움직이는 만큼 주변에 걸리는 장애

물도 많았다. 나 역시 트랜스포터가 지나갈 길을 만들기 위해 고되
게 일했다.

　때로는 고소차에 올라야 했다. 조선소에서 쓰는 고소차는 이삿
짐센터에서 쓰는 스카이차와 매우 다르다. 길게 뻗어 사람을 공중
에 올려놓고 작업을 한다는 것만 비슷하다. 우선, 이삿짐센터에서
사용하는 스카이는 운전석이 아래에 있다. 차에 달린 사다리도 보
통 아래에서 작동한다. 하지만 고소차는 아래에 운전석이 아예 없
다. 차량 이동도 사다리의 움직임을 조정하는 일도 모두 사다리 위
에 달린 바구니 위에서만 가능하다.

　이삿짐센터의 스카이는 '안전하게 물건을 옮기기 위해' 사람을
올려보내는 장치라면, 조선소 고소차는 '위험한 곳을 대신 들어가
기 위해' 사람을 올려보내는 장치이다. 사람이 직접 손으로 해야 할
일을 위해, 사람이 들어가기 힘든 높은 곳에 억지로 보내는 장치가
고소차인 것이다. 다시 말하면 현장 페인트, 용접, 표면 가공, 장애
물 제거 등을 위해 사람을 직접 높은 곳에 올려보내는 장치가 고소
차이다. 중요한 차이가 또 있다. 이삿짐센터의 스카이는 차를 고정
하는 안정기가 있어 흔들림이 적지만, 고소차는 차를 고정하는 안
정기가 없이 계속 이동하면서 작업을 한다. 그러니, 위에서 느껴지
는 흔들림의 강도가 차원이 다르다.

　　　　　　　　　　　　6. 싸움으로 버티고, 상처로 살아가다

둘 다 모두 떨어지면 끝이다. 이삿짐센터 스카이에서 떨어져도 물론 위험하다. 하지만 땅이다. 조선소 고소차에서 떨어지면 땅이 아니다. 철판, 난간, 블록 내부 프레임, 바닥의 철 기자재, 작업용 장비…. 어느 곳에 떨어져도 사람 몸이 버틸 데가 없다. 바닥까지 떨어질 필요도 없다. 중간 어디에만 부딪혀도 끝이다. 그래서 고소차 위에 서 있을 때는 하늘보다 아래가 더 무섭다. 느낌은 딱 하나.

"살아있는 몸이 있으니까 일하는 게 아니다. 이 일을 해야 하니까 살아 있어야 하는 것이다."

어느 날도 여느 때처럼 고소차에 올라 장애물을 치워야 했다. 낡고 삐걱거리고 기름때가 말라붙은 장비를 타고, 나는 하늘로 끌려 올라갔다. 작업을 하던 중 갑자기 덜컹하며 큰 흔들림이 있었다. 고소차가 크게 낚싯줄처럼 휘청였다. 어떤 예고도 없었다. 몸이 크게 흔들렸다. 안전벨트를 매고 있었지만 내 몸은 반쯤 꺾였다가 다시 펴졌다. 그 순간 목에서 뚝하는 부러지는 소리 같은 묵직함이 느껴졌다. 소리는 들리지 않았지만 신경이 얼어붙는 느낌. 차가운 번개가 척추 속을 타고 내려가는 느낌이 들었다. 목을 제대로 움직일 수가 없었다. 나는 그대로 멍하니 서 있었다. 나는 바로 회사에 목을 다쳤다고 얘기했다. 현장에서 말하지 않으면 나중에 증명하기가 매우 힘들어진다는 것을 알았기 때문이었다.

그리고, 며칠 후부터 손끝이 찌릿찌릿해졌다. 마치 전기가 스며
드는 듯 점점 더 쉬지 않고 강해졌다.

다친 몸, 마모되는 마음

대우병원, 창원, 마산…. 병원을 전전하며 들었던 대답은 한결
같았다.

"경추는 손대면 위험합니다."
"목 부위는 수술 못 합니다."
"그냥 참고 사세요."

참고 살라고? 참고 살라는 말은 아무것도 도와줄 수 없다는 말
을 예의 있게 바꾼 것이었다. 밤이면 통증이 독처럼 퍼졌다. 손가락
이 저려 컵을 떨어뜨렸다. 잠을 자도, 쉬어도, 약을 먹어도 증상은
사라지지 않았다. 진단서는 한 줄로 말했다. '신경 손상'. 그러나 삶
은 그 네 글자를 겨울처럼 거칠게 압축했다. 다시는 이전처럼 살 수
없다. 나는 버텼다. 고개를 돌리기도 힘든 목으로 다시 야간 근무를
나갔다. 통증이 올라올 때마다 '괜찮다'라며 혼잣말을 반복했다. 하
지만 체내에 쌓이는 고통은 어떤 순간 갑자기 표면으로 튀어나왔
다. 작업 도중 후배 직원이 내게 말했다.

6. 싸움으로 버티고, 상처로 살아가다

“형님, 좀만 빨리 움직이세요.”

아무 악의 없는 말. 그러나 내 몸은 들끓었다. 고통은 사람을 날카롭게 만든다. 날카로움은 사람을 위험하게 만든다. 나는 무너지기 직전의 기계처럼 돌아가고 있었다. 여러 큰 병원에서도 거절한 몸을 이끌고 계속 병원을 전전했다.

“서울까지 올라가면 방법이 있을지도 모른다.”

희망이라는 단어는 절박한 사람을 쉽게 속인다. 그것이 희망의 잔인함이다. 나는 세브란스를 찾아갔다. 사람들이 말하던 ‘마지막 선택’. 그러나 의사는 기록을 한참 넘기고 이렇게 말했다.

“환자분, 목은 여는 순간이 더 위험합니다. 안 건드리는 게 최선입니다.”

그 말이 벽처럼 느껴졌다. 가로막는 벽. 답이 없는 벽. 나는 잠시 숨이 멈추는 줄 알았다. 여기에도 답이 없다면 그럼 어떻게 살라는 걸까. 병원 가운을 입은 사람들의 친절도 다른 사람에게는 희망일지 몰라도 그날의 나에게는 포기 통보에 가까웠다. 나는 넓은 로비 의자에 앉아 고개를 들지 못한 채 오래 있었다. 기다린 것도 아니고, 생각한 것도 아니고, 그저 무너져 있었다. 막다른 길, 그리고 기이한

문 하나 대우병원 재활치료실에서 우연히 만난 사람이 말했다.

"세브란스 출신 의사가 개인 병원 하는 데 있는데…. 수술해 줄 수 있을 거야."

또 희망. 거짓일 수도 있는 희망일지라도 잡을 수밖에 없었다. 그걸 잡는 것 말고 다른 선택지는 없었다. 나는 그 개인 병원에 갔다. 의사는 서류를 훑어보며 조용히 말했다.

"위험합니다. 하지만 안 하면 더 위험합니다."

나는 고개를 끄덕였다. 살고 싶다거나, 낫고 싶다거나, 그런 생각이 아니었다. 그냥 여기서 끝나고 싶지 않았다. 그날 수술 동의서에 사인할 때, 내 손은 떨리고 있었지만 어쩌면 인생에서 가장 솔직한 순간이었다.

몸이 망가진 대가

수술 후의 고통은 허리 수술과는 비교할 수 없었다. 목에 핀이 박힌 느낌이 아니라 목 안쪽에서 누군가 못을 서서히 돌리는 느낌.

        6. 싸움으로 버티고, 상처로 살아가다

"움직이지 마세요."

"통상적인 통증입니다."

그 말은 통증을 조금도 줄여주지 않았다. 나를 서울까지 데려온 친구는 서류도, 행정도 모르는 사람이었다. 월급도 안 들어오고, 생활비도 떨어져 이백만 원을 빌려야 했다. 수술 다음 날 나는 병원을 빠져나왔다. 도망치듯, 버티지 못해서 살려달라는 마음으로 마산의 병원에 다시 입원했다.

우여곡절 끝에 내 고통의 댓가를 인정받을 수 있었다. 그러나 나는 안다. 그 돈은 몸값이었다. 깨진 몸의 가격, 부러진 신경의 가격, 내가 견딘 고통의 가격, 그리고 무너져버린 시간의 가격이었다. 목과 허리는 지금도 견딜 수 없을 만큼 종종 아프다. 충격이 오면 남들보다 더 크게 다칠 수 있다. 어쩔 수 없이 조심하며 산다. 정말 생활하기 불편한 많은 것들을 지키며 살아야 한다. 그러나 정말 조심해야 했던 것은 몸이 아니라 삶 전체가 무너지는 속도였다는 걸 너무 늦게 알았다.

7화

내가 잃은 것의 값

아버지가 돌아가셨다.

원망이 나를 오래 버티게 했고,

그리움이 나를 쉽게 무너뜨렸다.

멀어진 건 서로의 몸이었고,

끝내 닿지 못한 건 서로의 마음이었다.

말하지 않아서 상처가 되었고,

말하지 못해서 평생의 그늘이 되었다.

가까웠기에 더 아팠고, 아팠기에 끝내 놓지 못했다.

침묵 속의 이별로 끝이 났지만,

휘몰아치는 감정은 끝이 없었다.

말하지 않은 말들

아버지의 장례식

장례식장에 도착한 순간, 공기는 이미 늙어 있었다. 향냄새와 묵은 침묵, 축 늘어진 검은 리본과 발자국처럼 흐릿한 눈빛들. 검은 정장과 허름한 양복 사이에 부끄러움과 가난이 한꺼번에 서 있었다. 배다른 누나들은 모두 가난했다. 다들 슬픔을 걸치고 있었지만, 그 무늬가 너무 얇아서 속이 들여다보였다. 애도가 아니라 체면, 의무, 부담, 돈. 장례식장은 고인보다 살아 있는 자들의 사정이 더 크게 울리고 있었다.

하얀 국화꽃 사이에 잠겨 있는 아버지의 영정 사진 앞에 서자, 시간은 갑자기 걸음을 멈추었다. 하얀 국화꽃 사이 아버지는 생전에 늘 보아왔던 그 표정 그대로였다. 아무 말도 하지 않는 얼굴, 나를 향해 있지도, 외면하지도 않는 얼굴, 오래된 침묵으로만 말하는 얼굴이 국화 사이에 놓여 있었다. 나는 영정 앞에 잠시 머물렀다.

그 앞에서 울어야 할지, 참아야 할지, 아무것도 느끼지 말아야 할지 몰랐다. 슬픔 대신 당혹감이 먼저 찾아왔다. 아버지를 향한 내 감정은 단어 하나로 묶이지 않았다. 그리움, 분노, 슬픔, 원망, 미련, 죄책감. 모든 것이 동시에 일어나면 결국 아무 감정도 아닌 것처럼 느껴진다.

아버지는 원래 건강한 분이었다 군인 출신답다고들 했고, 큰 병한 번 앓지 않은 사람이었다. 심혈관 수술을 한 적이 있었지만, 그 뒤로도 멀쩡해 보였고, 우리에게 걱정을 끼친 적도 거의 없었다. 그래서 요양원에 계시다는 사실조차 실감이 나지 않았다. 그런데 믿기 어려울 정도로 급격한 악화가 찾아왔다. 얼굴이 눈에 띄게 야위어 갔고, 목소리는 낯선 사람처럼 바뀌었고, 눈빛에서는 기운이 빠져나가고 있었다. 마지막으로 전화를 걸어왔을 때조차 나는 그 목소리가 이렇게 빨리 끝날 거라고는 상상하지 못했다. 요양원에 들어가신 지 팔 개월, 충분히 길지 않은 시간이었지만 그의 육신을 앗아가기에는 충분한 시간이었다. 아버지의 삶은 그렇게 갑작스럽고, 무표정하게, 아무 준비도 없이 끝나버렸다.

"수고 많네. 네가 장남이니까, 네가 해야지."

누나의 목소리는 장례식장 공기보다 더 차가웠다. 유가족의 목소리가 아니라, 이익을 따져보는 사람의 목소리였다. 나는 고개를

7. 내가 잃은 것의 값

숙여 대답했지만, 가슴에서는 커다란 금속종이 깨지듯 울렸다. '장남이라서 네가 해야 한다.' 그 말 한마디가 심장에 못처럼 박혔다. 언제 한 번이라도 장남으로 인정받은 적이 있었던가. 아버지의 생전에도, 누나들의 삶에도, 나는 장남이 아니었다. 그러나 돈과 책임이 걸리는 순간, 아주 자연스럽게 장남이 되었다.

부의금을 받는 테이블 앞에 서 있던 누나의 눈동자가 바쁘게 움직였다. 무겁게 포개진 돈봉투 위로 매형의 손가락이 스치듯 다가왔다가, 아무 일 아니라는 듯 뒤로 숨었다. 아주 빠르게, 아무렇지 않은 척, 무심한 척. 장례식장에서조차 냄새처럼 떠도는 돈의 기척. 그 순간 나는 어린아이처럼 몸을 웅크리고 싶었다. 아버지의 죽음보다, 사람들의 속내가 더 서럽게 느껴졌다. 나는 잠시 복도로 나가 숨을 들이켰다. 향냄새, 한숨, 가난, 체념, 감정의 부스러기. 그 숨이 폐 안으로 깊게 들어오자, 눈물이 아닌 허기 같은 것이 밀려왔다. 서럽다기보다는, 지쳤다. 아버지의 죽음보다, 그 죽음을 둘러싼 욕망들이 더 잔인하게 느껴졌다.

아버지의 영정 옆에 서 있으면서 여러 가지 생각이 들었다. 우리는 서로에게 할 말이 너무 많았지만, 한마디도 하지 못한 채 아버지는 생을 끝냈다. 사랑에 대한 말도, 미안하다는 말도, 원망하는 말도. 마지막까지 만나러 갈 용기가 없었다. 아버지는 요양원에서 나를 불렀는데, 나는 가지 않았다. 원망이 가슴에 냉기로 들러붙어 있었다. 그것을 떼어내지 못한 채, 나는 그 사랑을 영영 받지 못한 사람이 되어버렸다.

피가 닿았다는 이유 하나만으로

아버지가 살아계셨을 때부터 배다른 누나들은 슬쩍슬쩍 떠보고 있었다.

"아버지, 네가 모시면… 너도 편하고, 아버지도 좋으시지 않겠나."

말은 이렇게 했지만, 그 말 뒤에 숨은 속내는 뻔했다. 내가 아버지를 모시게 되면 생활비가 자기들에게로 흘러들어올 수 있을까 하는 계산이었다. 어느 날 누나는 노골적으로 말했다.

"아버지 모시고 살면… 그래도 너가 아버지 생활비는 좀 챙겨줄 거 아니야?"

그 말에 나는 잠시 멈칫했다가 조심스레 얼마라도 생활비를 보내겠다고 말했다. 누나의 표정은 그 순간 무너졌다. 실망을 숨기지도 못하고 목소리가 딱딱해졌다.

“그 정도면 우리가 알아서 할게.”

그렇게 대화는 끝났다. 그리고 연락도 끝났다. 아버지를 진짜로 돌보려는 마음이 있었다면 이어졌을 연락이, 생활비가 기대만큼 나오지 않자 아주 쉽게 끊겨버렸다. 그 이후로 누나는 전화 한 통 없었다. 생사도 묻지 않았다. 아버지를 모시지 않았다는 불만도 없었다. 원하는 걸 얻지 못한 관계는 인연으로 남지 못했다. 그러다가 어느 날, 아버지가 돌아가셨다는 연락을 받고 처음으로 다시 전화가 왔다. 목소리는 애도보다 절박함에 가까웠다.

“장례… 네가 좀 맡아줘야겠다. 우리가 형편이 안 돼서….”

아버지를 맡아달라던 요청이 다시 돌아왔다. 결국 아버지의 장례는 내가 모두 치렀다. 누나는 영정 앞에서 눈물을 훔치고 있었지만, 아버지가 살아계실 때는 한 번도 그 눈물을 보이지 않았다. 피붙이라는 이름으로 다가왔다가, 돈이 안 되면 사라졌다가, 마지막 순간에 다시 돌아오는 사람들. 배다른 누나의 성격은 아주 못되고, 이기적이었다. 심지어 매형조차도 자기 딸들이 누나를 닮아 성격이 더럽다고 푸념할 정도였다. 장례식장 밖에서 누나는 조용히 말했다.

“우리가 예전에 아버지를 모셨으면 좀 덜 힘들었을 건데…”

그 말의 진짜 뜻을 나는 이제 안다. 아버지를 생각해서가 아니라, 자기 형편을 생각해서였다. 매형은 처음엔 고마움으로 가득한 사람 같았다. 그런데 장례가 끝난 뒤, 사진을 정리하는 내 옆에서 돈이 될 만한 것을 자꾸 챙겨가려는 모습을 보고 나는 마음속에서 무언가가 무너지는 소리를 들었다. 매형의 착해 보이던 태도도 결국 누나의 그림자 아래 있었다. 내가 고맙게 느꼈던 매형의 말투도, 몸짓도, 결국 누나의 지시 안에 있었다. 나는 그제야 확실히 알았다. 내가 마지막까지 붙잡고 있던 '가족에 대한 환상'은 이미 오래전에 끝나 있었음을. 결국, 장례식장에서 배다른 누나에 대한 마지막 희망도 놓아버렸다. 그때 나는 결심했다.

"이제 연락하지 말자."

그 뒤로 나 역시 누나와의 연락을 끊었다. 메시지를 보내지 않았다. 대답하지 않았다. 침묵이 우리가 끊는 마지막 인연이었다. 인연이 아니라 피가 이어준 관계는 그렇게 끝났다. 피는 물보다 진하지만, 때로는 물보다 더 쉽게 썩는다.

생애 가장 깊은 상처

아버지와 나의 관계는 하나의 문장에 담긴다. 평생 보고 싶었지만, 평생 미워했던 사람. 어린 시절부터 이미 그랬다. 아버지가 집에 오면 좋았고, 아버지가 집에 오면 무서웠다. 보고 싶은데, 가까워질수록 다칠 것 같아 다시 멀어졌다. 외로운데, 왜 이렇게 외로운 사람이 되었는지 설명할 말을 찾지 못했다. 가장 이해되지 않는 건 이것이었다. 왜 똑같은 자식인데 누구는 중학교·고등학교까지 보내주고, 누구는 초등학교도 겨우 마치게 했나. 왜 나에게는 단 한 번의 기회도 주지 않았나. 내 동생들 역시 마찬가지였다. 나와 내 친동생들은 모두 초등학교 졸업이 전부였다. 가난 때문이 아니었다. 가난을 선택적으로 적용한 사람의 결정 때문이었다. 더 억울했던 건 이유조차 들은 적이 없다는 사실이다.

"왜 우리에게만 학교를 보내지 않았냐고, 왜 기회는 우리 몫이 아니었냐고…."

단 한 번도 묻지 못했다. 묻기 전에 어른이 되었고, 어른이 되어도 그 질문을 꺼낼 용기가 없었다. 아버지에게 인정받지 못한 아이는 평생 질문의 입을 닫고 산다. 그래서 배다른 자식들이 생글생글 밝게 지내는 모습을 보면 더 속이 뒤집혔다. 그 아이들은 차별을 모른다. 그 아이들의 삶에는 결핍이 아닌 '기회'가 있었다. 그걸 알면서도 미워할 대상은 결국 그 아이들이 아니라 아버지라는 사실이 더 고통스러웠다. 사랑받지 못한 아이의 원망은 방향을 잃지 않는다. 늘 정확히 '아버지'에게로 돌아갔다.

그 시절, 집에는 이해할 수 없는 손님이 있었다. 아버지의 첫째 부인의 막내 아들. 나에게 친척이라고 불러야 하는 사람인지, 적이라고 불러야 하는 사람인지 모를 존재. 그는 우리 집을 자주 찾아와 어머니를 괴롭혔다. 나는 싸움의 의미도, 어른들의 질투도 몰랐지만 어머니가 구석에 몰려 울고 있는 모습을 지켜보는 일은 그것만으로도 평생 사라지지 않는 상처가 되었다. 아버지는 그 상황에서 아무것도 하지 않았다. 침묵은 칼처럼 깊었다.

왜 아버지의 족보, 뿌리, 삶의 역사를 한 번도 들려주지 않았나. 나는 아버지가 나를 자랑스러워한 기억이 없다. 칭찬도 없다. 잘했다는 말도 없다. 오직 침묵과 방치가 전부였다. 나의 존재는 아버지에게서 '부담'과 '실수' 사이 어딘가에 머물러 있었던 것 같다. 어머니도 아버지도 나에게는 '잠시 머물다 사라진 사람'이었다. 사랑은 늘 제로에 가까웠다. 그래서 나는 착해 보이는 여자에게 쉽게 마음이 갔다. 나를 진짜로 걱정해 주거나 따뜻하게 대해주는 사람에게 쉽게 흔들렸다. 누군가 나에게 진심으로 잘해주는 것에 목이 말라 있었다. 마음 한구석이 늘 비어 있었기 때문이다. 사랑에 굶주린 아이가, 어른이 된 모습이었다.

언젠가 직업 훈련원에서 이력서를 쓰다가 동사무소에서 서류를 떼어보니 내가 평생 믿어온 '김해 김씨'가 아니라 '경주 김씨'였다는 사실을 알았다. 나는 아버지에게 족보, 뿌리, 이름을 지은 이유 등 어느 것 하나 들은 적이 없었다. 그 순간 희미하게라도 가지고 있던 뿌리가 툭 부러져 나갔다. 단 한 번의 설명, 단 한 번의 관심이면 될 일을 아버지는 끝내 하지 않았다. 그래서인지 나는 평생 누군가에게 자랑스러운 존재가 되고 싶었다. 하지만 아버지에게서 그런 순간은 단 한 번도 없었다. 칭찬도 없었다. 잘했다는 말도 없었다. 따뜻한 손길, 자랑스러운 눈빛, 미소—한 번도 없었다. 나는 아버지에게서 '부담'과 '실수' 사이 어딘가에 놓인 존재였다.

나도 당신의 자식

가장 아픈 기억은 따로 있다. 아버지가 요양원에서 전화를 걸어 "여기서 빼줘라. 나가게 해달라." 그렇게 반복했다고 들었을 때, 나는 아무것도 할 수 없었다. 원망이 너무 컸고, 그 원망을 내려놓을 준비가 되지 않았고, 그래서 가지 않았다. 그리고 일주일 뒤, 아버지는 세상을 떠났다. 내 마음 어딘가에 새겨진 문장이 하나 있다. 아버지를 구해달라는 마지막 말, 나는 듣기만 했다. 그 죄책감과 원망이 한 덩어리가 되어 가슴속을 오래 짓눌렀다. 이해하고 싶은데 이해할 수 없고, 용서하고 싶은데 용서할 수 없고, 그리운데 미운 사람. 그래서 지금도 새벽에 잠결에 그 얼굴이 떠오르면 이불을 움켜 쥔다. 울음을 터뜨리는 것도 아니고, 참고 있는 것도 아니다. 울음을 기억하는 몸의 반응. 그때마다 내 안의 아이가 소리 없이 운다. 사랑을 한 번도 받지 못했던 아이. 여전히 아버지에게 "왜 우리에게만 그러셨냐"라고 묻지도 못한 채 울고 있는 아이가 울고 있다.

아버지는 6.25 참전 용사였기에 국군묘지에 묻혔다. 관리비가 없어서 좋다는 생각이 스치고, 동시에 마음 한쪽이 아렸다. 죄책감과 편안함이 몸속에서 부딪히는 이상한 느낌이었다. '편하다'라는 말이 이렇게 슬픈 문장이 될 수도 있다는 걸 그때 처음 알았다. 아버지의 묘는 외롭다. 아버지의 묘는 나 말고는 아무도 오지 않을 묘였다. 묘비 앞에 선 사람은 나뿐이다. 바람만이 찾아오는 묘. 찾아오는 가족과 함께 있는 묘가 아니라, 찾아오지 않는 가족을 보여주는 묘. 의붓어머니는 화장 후 뿌려져 흔적도 없다. 아버지는 땅속에, 어머니는 바람 속에. 두 사람의 존재는 흙보다 가볍고, 기억보다 무거웠다. 사라졌고, 없어졌고, 남은 것은 기억뿐이다.

의붓동생 하나는 아버지처럼 돈 문제로 다투고 집을 나가 베트남으로 가서 결혼해 살고 있다. 똑같은 패턴, 똑같은 선택. 아버지의 그림자가 또 한 사람의 인생에 드리워졌다. 문득 이런 생각이 든다.

"가족이라는 건 피가 아니라, 상처의 모양으로 이어지는 걸까."

각자의 상처가 우리를 닮게 만든다. 그리고 그 상처를 피하지 못하면, 그 상처가 다음 세대의 얼굴을 닮아간다. 아버지의 묘 앞에 서면 아주 짧은 시간 동안 마음속에서 멈춰 있던 말들이 다시 움직이기 시작한다. 원망, 서운함, 두려움, 그리움. 그리고 아주 조용한 한마디.

"아버지… 나도 당신의 아들이었습니다."

대답은 돌아오지 않는다. 하지만 그 말을 입 밖으로 꺼낼 수 있게 된 것 자체가 나에게는 한 걸음이었다. 아주 작은 한 걸음. 하지만 내 인생에서는 너무나 필요한 한 걸음이었다.

나는 늘 단단한 척 살아왔다.

무너지지 않으려고, 흔들리는 마음을 들키지 않으려고.

말 한마디에, 비웃음 하나에,

상처가 먼저 고개를 드는 몸을

평생 눌러 담으며 버텨왔다.

사람들은 나를 거칠다고 했지만

사실 나는 무너지지 않기 위해

더 세게 버텼던 사람이었다.

끝까지 버티는 것만이

살아남는 방법이라고 바보처럼 믿었다.

사고를 막고, 사고를 치다

백조의 발

우리는 네 명이 한 팀을 이루어 작업을 했다. 네 명이 한 몸처럼 움직여야 하는 하나의 팀이었다. 한 명은 트랜스포터의 기사, 나머지 세 명은 신호수이다. 트랜스포터는 앞에서 두 명의 신호수가 트랜스포터를 이끌고, 뒤에서 한 명이 받쳐주면서 작업이 진행된다. 세 명 중 가장 경력이 적은 사람이 트랜스포터 뒤를 따라오면서 신호를 하고, 가장 경력이 많은 사람이 앞에서 신호를 보내면서 트랜스포터를 지휘한다. 나머지 한 명이 앞에서 보조적으로 신호를 진행한다. 나는 일 년 만에 트랜스포터를 지휘하는 마스터 신호수가 될 수 있었다.

수백 톤짜리 블록이 움직인다는 건 사실 그 자체가 기적 같은 일이었다. 돌처럼 잠든 쇳덩이가 바퀴 위로 천천히 일어나 우리가 만든 길을 따라 이동한다는 것. 그것을 가능하게 하는 건 기계나 장비가 아니라 사람이었다. 트랜스포터가 지나갈 수 있는 길은 정해져 있지 않았다. 그때그때 만들어야 했다. 어디에 공간이 비어 있는지, 어디가 위험한지, 어느 방향으로 꺾어야 가장 안전한지, 모든 것이 순간에 판단되고 순간에 실행됐다.

블록을 옮기는 동안, 우리 네 사람은 주변의 모든 기척을 동시에 감지해야 했다. 바람의 방향, 지게차의 움직임, 작업자들의 동선, 멀리서 밀려오는 트럭의 엔진음, 불쑥 들어오는 사람의 그림자까지. 어느 하나라도 놓치면 사고는 곧바로 발생했다. 특히 사람이 다가오는 순간이 가장 무서웠다. 자전거를 타고 블록의 틈새를 빠져나가려는 사람마저 있기도 했다. 수백 톤짜리 물체를 옮기는 일. 한 번 실수하면 엄청난 물적인 피해가 발생하기도 하지만, 무엇보다도 사람의 몸이 성할 수가 없는 일이었다. 한 번 미끄러지면, 한 번만 잘못 꺾이면, 사람의 몸은 그대로 바닥에 짓이겨진다. 그 사실을 모르는 사람은 없었다.

트랜스포터는 쉽게 멈출 수 있는 기계가 아니었다. 속도가 느려 보여도, 일단 무게가 움직이기 시작하면 제동은 사람이 아니라 운명에 가까웠다. 한 번 잘못 꺾이면, 한 번 엉뚱한 곳을 보면, 한 번만 집중이 흐트러지면 블록은 땅으로 떨어지고 그 아래에 있던 사람은 그대로 사라진다. 그래서 우리는 늘 무서워하면서도, 무서움을 들키지 않는 사람들이었다. 겉으로는 무표정했지만 속은 늘 바삐 움직이고 있었다. 심장은 일보다 더 빨리 움직였고 눈은 몸보다 더 넓은 영역을 쓸어 담았다. 트랜스포터 작업을 지켜본 적 없는 사람들은 말한다.

"그냥 신호만 주면 되는 거 아니냐?"

그러나 그 신호는 사람의 목숨을 쥐고 있는 손짓이었다. 손이 흔들리면 사고가 일어나고, 몸이 떨리면 블록에 이상이 생기고, 한 번의 실수로 누군가의 삶을 끝낼 수도 있었다. 그러니까 이 일은 체력으로 버티는 일도 아니었고, 기술로 숙련되는 일도 아니었다. 한계를 넘는 집중력으로 버티는 일이었다. 트랜스포터가 천천히 움직이는 동안 우리도 쉴새 없이 움직여야 했다. 백조의 발처럼 겉에서 보기에는 편하고 쉬워 보여도, 여러 가지 활동을 동시에 하면서, 한순간도 긴장을 놓으면 안 되는 그런 일이다. 매 순간 피하고, 피하고, 또 피하는 일. 사고가 나지 않는 날보다 사고를 간신히 모면하는 날이 더 많았다.

마스터 신호수

마스터 신호수. 그 자리에 선다는 건, 잘한다는 뜻만이 아니었다. 마스터 신호수의 손짓 하나, 고개 움직임 하나로 큰 사고가 생길 수 있는 일이기도 했다. 그리고 무엇보다 누구보다 많이 부딪히고, 누구보다 크게 혼나고, 누구보다 세게 책임을 뒤집어쓴 사람만이 설 수 있는 자리였다. 내 손짓 하나, 고개 한 번, 눈빛 한 번이 블록의 방향을 바꾸고, 기사의 판단을 바꾸고, 팀원들의 안전을 바꿨다. 이 일이란 게 그랬다. 한 사람의 몸짓으로 거대한 쇳덩어리가 움직이고 한순간의 흔들림으로 사람이 사라질 수도 있는 일이 내가 하는 일이었다.

무엇보다 가장 중요한 것은 소통이었다. 트랜스포터는 운행 중에 서로 간의 뜻이 실시간으로 전달되어야 한다. 그것도 즉각적으로 반응해야 했다. 늦게 전달된 신호는 신호가 아니다. 손이 뜸을 들이면 충돌하고, 눈빛이 흔들리면 방향이 엇갈리고, 망설임이 생기는 순간 작업은 멈춰야 했다. 조금이라도 늦으면 어디든 부딪치는 것은 금방이었다. 우리는 호루라기와 손으로 신호를 주고받았다. 물론 무전기가 있었지만, 무전기는 보조적인 장치였다. 몸과 몸이 직접 통하는 신호가 아니면 늦었다.

그리고 신호. 손짓 하나로 수백 톤의 쇳덩이가 움직인다. 손목을 살짝 꺾는 방향, 손가락의 높낮이, 팔을 드는 각도— 모두가 의미였다. 무엇보다 중요한 것은 조율이었다. 각 공장 담당자와 끊임없이 연락해야 했다.

"백사십삼 번 블록, 이동 준비됐습니까?"

"그쪽 도로 지금 비었습니까?"

"2도크 길은 골리앗 크레인이 막고 있습니다. 잠시 대기하십시오."

이 복잡한 노선들 사이에서 서로 엉키지 않게, 조금이라도 수월하게, 그리고 무엇보다 조금의 부딪힘 없이 블록을 이동시켜야 했다. 서로를 피하고, 서로에게 맞춰가며 일하는 것이 바로 마스터 신호수의 능력이었다. 나는 하루하루 수십 개의 블록의 움직임을 머릿속에서 계산하며 조선소라는 도시 위에서 거대한 쇳덩이들의 흐름을 조율했다. 그 일이야말로 다친 내 허리를 가지고도 '머리'와 '감'으로 잘 해낼 수 있는 일이었다.

한 사람은 앞, 한 사람은 중간, 한 사람은 뒤. 세 사람 모두가 동시에 같은 방향을 보고 있을 때만 거대한 철의 덩어리가 움직였다. 그러다 어느 순간 이상하게 느껴지는 날이 있다. 신호가 엇박자일 때, 마음이 흔들릴 때, 누군가 실수를 덮기 위해 억지를 부릴 때, 그때 큰 사고가 난다. 트랜스포터는 단순히 기계를 움직이는 일이 아니었다. 그것은 사람과 사람 사이의 책임을 움직이는 일이었다. 내가 흔들리면 다른 사람이 다친다. 다른 사람이 흔들리면 내가 다친다. 누구 하나만 잘해도 안 되고, 누구 하나만 못해도 안 되는 일이다.

밤의 조선소

그리고 밤에는 또 다른 시간이 펼쳐졌다. 낮이 끝났다고 일이 끝나는 것이 아니었다. 오히려 우리의 일은 밤이 되어야 본격적으로 시작됐다. 사실 블록들은 낮보다 밤에 더 많이 이동했다. 방해하는 차량 통행이 줄고, 자전거와 작업자들의 발길이 거의 끊긴 퇴근 이후, 조선소는 거대한 텅 빈 운동장이 되었다. 그제서야 블록들이 자유롭게 움직일 수 있었다. 그래서 밤의 조선소에서 블록 운반 작업이 훨씬 많이 이루어진다.

낮에는 신호를 손으로 보냈다면, 밤이 되면 손끝의 신호를 손전등으로 실어 보냈다. 손전등의 깜빡임 하나가 명령이 되었다. 앞으로, 멈춰, 천천히, 오른쪽, 왼쪽, 빛의 미세한 흔들림으로 수백 톤짜리 장비는 앞으로 가고, 멈추고, 돌아섰다. 플래시가 흔들리면 방향이 흔들렸고, 호흡이 갈라지면 장비도 흔들렸다.

조선소의 밤은 다른 세상이다. 현장 전체가 낮보다 더 무겁게 침묵한다. 어둠이 낮의 소음을 삼키고, 대신 심장 뛰는 소리와 바람의 떨림만이 남았다. 찬 기운을 머금은 바람은 쇳가루 냄새를 실어 코끝에 들이쳤고, 수십 개의 블록이 무덤처럼 누워있었다. 낮에는 거대한 덩어리지만 밤에는 그림자가 되어 바닥에 길게 뻗어 있었다. 우리는 그 그림자를 움직이는 사람들이었다. 쇠를 옮기는 것이 아니라, 그림자를 밀어 올리고, 밀어 움직였다. 조명탑들이 곳곳에서 빛을 뿌리고 있지만, 더 큰 어둠이 조선소 전체를 집어삼키고 있었다. 어둠을 밀어내는 빛, 빛으로 방향을 만드는 손, 그 속에서 트랜스포터는 천천히 전진했다.

늦은 밤까지 공장 내부에서 작업을 하는 사람은 조금 있었지만, 도로는 텅 비어 있다. 그 텅 빈 조선소의 넓은 도로 위를 트랜스포터만이 블록들을 운반하며 다닌다. 거대한 바퀴가 콘크리트 바닥을 천천히 밟아가고, 쇠가 쇠에 스치는 낮은 울림이 조용한 밤을 서서히 갈라놓았다. 마치 야수 한 마리가 숨을 죽이며 어둠을 통과하는 것처럼. 그 한복판에 트랜스포터 팀의 리더로 내가 있었다. 플래시와 호루라기, 무전기와 눈빛, 그리고 팀원들의 호흡이 전부였다. 낮에는 사람과 소음과 빛이 우리를 감싸고 있었다면 밤에는 아무것도 없었다. 우리가 서로를 믿지 않으면 아무도 우리를 지켜주지 않는 시간이었다. 그래서 밤의 작업에는 두려움과 기묘한 해방감이 동시에 존재했다.

낮에는 우리를 쳐다보는 수많은 눈이 있었지만, 밤에는 오직 사고가 나지 않는 것만이 진실이었다. 실수 없이 끝난 날은 승리였고, 사고 없이 돌아온 날은 생환이었다. 그리고 그 긴 어둠 속에서 플래시의 작은 빛이 깜빡일 때마다 나는 느꼈다. 나는 지금 살아 있다. 그리고 살아남아야 한다.

내 거친 숨소리

내 손은 늘 그렇듯 야간작업의 가장 앞에 있었다. 수백 번의 야간, 수십 번의 위험한 순간, 수천 번의 지시. 그 모든 부담이 내 어깨에 걸려 있었고, 나는 그 무게를 누구보다 정확하게 알고 있었다.

가끔 생각한다. 트랜스포터 신호수의 일은 사람의 기술이 아니라 사람의 신뢰로 이루어진다. 믿음이 조금만 빠져나가면 일은 곧장 위태로워진다. 그래서 그 현장에서 무시당한다는 기분은 단순한 기분이 아니었다. 목숨을 걸고 일하는 사람에게 '무시'는 모욕이 아니라 파괴였다. 그 파괴는 서서히 쌓이다가 어느 날 크게 터졌다. 결국 나를 무너뜨린 것도, 회사를 떠나게 만든 것도, 바로 그 무시였다.

어느 날 초보 기사가 배정됐다. 몇 달이 지나도 숙련되지 않는 손. 느리고, 멍하고, 위험했다. 말로 하면 듣지를 못하고, 들었다고 하면 틀렸고, 틀렸다고 하면 억지를 부렸다. 그날 밤도 문제는 시작됐다.

"좌로. 아니, 좌! 멈춰!"

내가 소리쳤지만, 트랜스포터는 엉뚱한 곳으로 기울어 들어갔다. 내 지시와 트랜스포터 기사의 의도가 계속 어긋났다. 위험한 선을 계속 넘었다. 나는 속에서 열이 끓어오르는 것이 느꼈다. 좋게 몇 번을 이야기해도 실수가 반복되었다. 그날 밤에만 해도 아찔한 순간이 몇 번 지나갔다. 자칫 큰 사고가 날지도 모른다는 긴장이 온몸을 휘감았다. 분노는 이유를 찾기도 전에 몸에서 먼저 움직인다. 나는 트랜스포터를 길 한복판에 세워두고 뒤도 돌아보지 않은 채 화장실로 갔다. 규칙이고 팀워크고 아무것도 생각나지 않았다. 속을 가라앉혀야 했다. 지시가 통하지 않는 기분, 내 역할이 우스워지는 기분을 간신히 쓸어내리고 있었다. 그 순간, 무전기에서 낄낄거리는 소리가 들렸다.

"야. 길바닥에서 살아온 놈이 뭘 아냐. X발. 아주, X나 지랄이야."

목소리는 날카롭고, 천했고, 조롱으로 가득했다. 내 뒷담화가 팀원들 모두에게 생생하게 흘러 들어가는 소리. 동료들이 내 이름을 속으로 씹으며 비웃고 있을 것 같은 착각. 화장실 문 위의 조명 아래에서 나는 숨을 거칠게 들이마셨다. 분노는 온몸으로 일어섰다. 나는 다시 작업장으로 향했다. 트랜스포터 옆에서 기사는 여전히 떠들어대고 있었다.

언어가 아니라 칼이었다. 내 앞에서가 아니라, 모두 앞에서 나를 찔러대고 있었다. 그리고 순간이었다. 머리에서 몸으로, 몸에서 손으로 아무 생각 없이 쏟아지는 반응. 들고 있던 플래시가 그의 얼굴을 향했다. 아니, 내가 집어던졌다. 순간 주변이 조용해졌다. 조용한데, 너무 시끄러웠다. 야간 공장의 굉음보다 내 심장의 박동이 더크게 울렸다. 내 거친 숨소리가 온 조선소를 가득 채우는 듯했다.

이미 정해져 있던 결론

사건은 곧 인사위원회로 넘어갔다. 회사는 누가 먼저 잘못했는지에는 관심이 없었다.

"흉기 사용."

단 한 줄로 모든 일이 정리되었다. 플래시 하나가 '흉기'가 되는 순간, 사건은 방향을 잃었다. 앉아 있는 사람들의 표정은 이미 결론을 알고 있는 사람들의 표정이었다. 누군가 서류를 넘기며 말했다.

"이전에 사람을 연장으로 때려 병원에 보냈던 사건도 있었고…"
"해병대하고 싸웠다지? 특전사하고도?"

또다른 이가 말했다. 마치 내가 조선소의 폭력 전과자라도 되는 듯이. 그 순간, 나는 알았다. 내 과거는 누군가의 입에서 이미 회사 전역에 퍼져 있었다. 아무도 내 앞에서는 말하지 않았지만, 모두가 나를 알고 있었다. 감시와 경계와 두려움의 대상. 나는 아무 말도 하지 않았다. 억울했지만 입을 열면 더 추하게 보일 것 같았다.

나는 기사 때문에 벌어질 수 있는 큰 사고를 몇 번이고 막았지만, 결국 발생하지 않는 사고를 설명할 길이 없었다. 일어나지 않은 일을 설명하는 일은 그 옛날 내가 저지르지 않은 일을 증명해야 했던 것처럼 어렵기만 했다. 그리고 무엇보다 설명하는 순간부터 지는 싸움이 있었다. 다행히 해고는 면했다. 나보다 두 살 어리지만, 글을 잘 쓰는 반장이 내가 힘들었던 상황을 글로 써서 제출했던 덕분인 듯했다. 결국 감봉 조치를 받았다. 하지만 아무도 말하지 않지만, 모두가 알고 있는 조금 뒤의 결론이 있었다.

"저 사람은 곧 잘린다."

나는 그때 깨달았다. 나는 더 이상 회사의 사람이 아니었다.

조선소를 떠나다

사람들은 나를 독종이라 불렀다. 맞다. 나는 독했다. 독하지 않으면 살아남을 수 없었던 시간들이 있었다. 나는 어려서부터 체구가 작고 힘이 약했다. 맨몸으로 싸워봐야 소용이 없다는 것을 일찍 깨달았다. 다리가 잘려 나갈 뻔했던 싸움이 있었다. 피 냄새와 흙, 쇠 파이프의 차가운 감촉. 그때 배운 것이다. 싸움에서 밑에 깔리게 되면, 손에 닿는 무엇이든 잡고 휘두르거나, 상대방을 물어뜯으며 끝장을 보려고 했다. 힘으로 안 되면 뭐라도 휘둘러야 한다. 물어뜯어서라도 살아남아야 했다.

타고난 경쟁심도 한몫했다. 남에게 지기 싫어하는 강한 승부욕 때문에 놀이에서도, 축구에서도 지면 잠을 이루지 못했다. 이길 방법을 계속 생각하고 또 생각했다. 그렇게 지는 것을 싫어하는 내게, 누구에게든 고개를 숙이는 법이 없는 내게, 사람들은 과격하다고 했다.

"한번 덤비면 물불 가리지 않는 놈."

사람들의 평가는 칭찬도 비난도 아니었다. 그냥 생존 방식에 대한 관찰이었다. 회사에서 화가 터진 것도 결국 같은 맥락이었다. 무시당한다는 감각. 사람에게, 말에게, 시스템에게 내가 지워지고 있다는 감각. 그 감각이 분노를 일으켰다. 분노는 폭발했고, 폭발은 파괴를 낳았다. 그리고 그 파괴는 결국 나를 삼켰다.

그 사건 이후에도 나는 약 일 년을 더 다녔다. 마치 버티는 게 복수인 것처럼. 하지만 이미 판결은 내려져 있었다. 2016년 어느 날, 회사가 정리해고를 단행하면서 나에게도 명예퇴직 권고가 내려왔다. 정년까지 이 년을 남기고 있었다. 보상금은 받았다. 그러나 대기업의 퇴직금과는 비교도 되지 않았다. 그날 출입 카드를 반납하고, 조선소 정문을 걸어 나올 때 손이 떨렸다. 바람이 매섭게 얼굴을 쳤다. 한 시대가 끝났다는 느낌이었다. 하지만 이상하게도 어느 순간부터 마음속 한구석에서 작은 문장이 스쳤다.

"그래도, 여기서 끝은 아니다."

회사는 내게 큰 상처였고, 나 역시 회사에 큰 상처였을 것이다. 서로를 갉아먹고 끝난 관계. 그러나 아이러니하게도 회사를 나온 덕분에 지금의 내가 있다. 오래 버티고, 오래 참는 것이 성실인 줄 알았지만, 떠나는 것이 살아남는 길인 순간도 있었다.

"

가난은 내 이름처럼 따라다녔다.

돈은 멀었고, 두려웠고, 잡으려 하면 더 멀어졌다.

몸이 부서지고 나서야 비로소 돈이 들어왔다.

행운이 아니라, 떨어져 나간 내 몸의 조각이

바뀌어 들어온 금액이었다.

나는 그 돈을 쓸 때마다 안다.

내가 번 것이 아닌,

내가 잃은 것의 값이라는 걸.

"

버티는 삶의 값

몸이 부서지고 들어온 돈

돈이란 건, 원래 나와 거리가 먼 단어였다. 어릴 때부터 풍족함을 누려본 적 없었고, 가난은 마치 성씨처럼 내 곁을 따라다녔다. 내 이름보다 먼저 내 삶을 설명하는 말이기도 했다. 가난한 집의 아들, 돈 없는 청년, 월급에 매여 사는 가장. 돈은 늘 멀었고, 늘 두려웠다. 한때는 다른 사람들처럼 '기회를 잡아보겠다'라는 생각도 했다. 다단계, 땅, 주식 투자까지 다른 사람을 좇아 이런저런 시도를 해보기도 했다. 세상이 나에게도 한 번쯤 웃어줄 것 같았다. 하지만 웃지 않았다. 곰팡이 핀 방 안에서 셀 수 없이 반복한 계산들, 한 푼이라도 더 벌고 싶은 몸부림들, '이번에는 될 것 같다'라는 작은 기대들이 모두 실패로 흘러갔다. 작은 손해가 쌓여 더 큰 손해가 되기도 했다.

나는 사업가 체질이 아니었다. 웃으며 리스크를 감당할 사람도,

사람을 이용해 돈을 벌 수 있는 사람도 아니었다. 그래서 나는 한 가지 결론에 다다랐다. 부자가 되지 못해도 좋다. 다만 누군가에게 기대지 않고 살아남을 수는 있어야 한다. 그래서 들어오는 돈보다는 쓸데없이 새어나가는 돈이 없도록 했다. 긴 시간 나는 특별한 일이 아니면, 돈을 사용하지 않았다. 회사에 다닐 때에는 회사 안에서 밥을 먹었다. 하루하루가 쌓여가는 것처럼 돈에 대한 부담도 조금씩 줄어들었다.

그러다가 허리가 먼저 무너졌고, 병원 침대 위에서 내가 '노동자'라는 사실을 새삼 깨달았다. 몸을 갈아 넣어 살아온 나의 역사. 그 역사가 마침내 고장을 낸 것이다. 회사에서는 사고로 다친 노동자에게 일정한 보상을 해주는 제도가 있었고, 나는 그 대상이 되었다. 처음엔 목돈으로 들어왔다. 그리고 시간이 흐르고 또 한 번의 큰 부상이 찾아왔을 때, 그것은 매달 일정하게 나를 지켜주는 방패가 되었다. 많은 사람이 오해한다.

"괜히 운 좋게 연금 받는 삶이잖아."

하지만 나는 안다. 그 돈은 운이 아니라 내 몸의 파편 대신 들어온 금액이었다는 것을. 허리를 잃고, 목을 잃고, 젊음과 체력을 잃고 난 뒤에야 겨우 손에 쥔 목숨줄 같은 것이었다. 쉽게 번 돈이 아니라, 잃어버린 몸의 조각이 바뀌어 들어온 것이었다. 나는 그 사실을 잊지 않으려고 애썼다. 그래서 나는 과하게 쓰지 않았다. 내가 욕심 내서 사고 싶은 물건이 없어서가 아니라, 내 몸이 아직 부채처럼 느껴졌기 때문이었다. 좋아하는 음식을 끝도 없이 시켜 먹은 적도 없고, 명품을 한 아름 사들였던 적도 없었다. 비싼 집에 대한 욕심도 없었다.

단순하게 살았다. 그리고 그 단순함 속에서 돈이 조금씩, 조금씩 쌓여갔다. 점처럼 쌓이던 게 선이 되고, 선이 면이 되고, 시간이 지나자 나도 모르게 '여유'라는 단어에 가까워졌다. 그 여유는 남들에게 과시하기 위한 것이 아니었다. 무시당하지 않기 위한 최소한의 갑옷이었다.

오토바이, 내 삶의 엔진

예전에는 몸집이 작고 말투가 서툴다는 이유만으로 쉽게 무시당했다. 사람들은 돈이 없는 사람을, 쉽게 대했다. 무례하고, 함부로 굴고, 명찰이 아니라 신발을 보며 사람을 판단했다. 나는 오래도록 그런 대접을 받아왔다. 그러다 어느 순간부터 표정이 달라지고, 목소리가 달라졌다. 상대의 눈빛 속에서 '이 사람을 함부로 대해도 되는가'를 가늠하는 시간이 길어졌다. 그리고 마침내, 나를 건드리는 사람이 줄어들었다. 그건 내가 달라진 게 아니라, 세상이 나를 다르게 본 것이다. 나는 알았다. 돈은 인격이 아니지만, 인격을 지켜주는 방패가 될 수 있다는 걸. 그 사실이 조금 쓰렸고, 조금 슬펐고, 동시에 조금 안도 되었다.

그 무렵, 내 안에서 오래된 작은 소원이 고개를 들었다. 오토바이. 어린 시절부터 '나도 언젠가'라고 혼잣말로 꺼내두었던 꿈. 배달 오토바이를 타며 퇴근하던 날에도, 철 냄새 묻은 작업복을 벗던 날에도, 마음 한쪽 끝에 작게 남아 있던 비밀 같은 로망.

"언젠가 나도 제대로 된 오토바이를 타보겠다."

꿈은 작았지만, 그 꿈을 꾼 사람은 너무 오래 참고 살아온 남자였다. 오십 대를 넘기면서 나는 비로소 남들이 아닌 나를 위해 무언가를 사는 경험을 했다. 크고 묵직한 미국산 오토바이. 철의 덩어리에 몸을 싣고 달릴 때 바람이 얼굴을 대리는 감각은 누군가에게는 취미겠지만 나에게는 복수였다. 세상이 나를 짓밟던 시절에 하지 못했던 말들을, 오토바이의 엔진 소리가 대신 외쳐주고 있는 듯했다.

"나는 여기 있다."
"나는 버텼다."
"나는 살아남았다."

하지만 몸은 정직했다. 작은 체구로 큰 오토바이를 붙잡고 다닐 수는 없었고, 손목과 허리는 조금씩 항의했다. 고치고 타고, 고치고 타고. 그러다 결국 놓아야 했다. 손바닥 위의 뜨거운 욕망을 물속에 가라앉히듯 손을 뗐다.

그런데 마음속에 남아 있던 작은 불씨는 완전히 꺼지지 않았다. 어느 날 다시 마주한 다른 오토바이. 독일제 최고급 기종. 그 앞에 서 있는 순간, 몸이 먼저 떨리고 감정이 나중에 따라왔다. 여러 번 고민하고 또 고민했고, 가족에게 솔직하게 설명도 했다. 가족들은 모두 반대했다. 하지만 나는 그때 처음으로 내가 선택하고 싶은 삶을 선택했다. 암 선고를 받고 수술하러 가는 날 계약금을 걸었다. 오래 꿈꿨던 기계와 나의 손이 맞닿던 순간, 이상하게 울컥했다. 승리라기보다, 살아남은 사람에게 주어지는 작은 보상 같았다. 지금 나는 그 오토바이를 타고 마을을 돌아다닌다. 바람이 옷깃을 스치고, 땅이 달려오고, 사람들의 시선이 스쳐 지나간다. 누가 나를 어떻게 보느냐보다 나는 내가 어떤 사람인가를 처음으로 알고 있는 느낌이었다.

나는 이제 내 인생을 스스로 선택할 수 있는 사람이다. 그 자유가 돈에서 온 것인지, 나의 견딤에서 온 것인지, 아직 잘 모르겠다. 다만 분명한 건 하나. 내가 살아낸 모든 시간 위에 서서 누리는 자유라는 것. 그것은 결코 싸구려가 아니라는 것.

이중적인 사람들

지세포 마을에 집을 지었을 때, 나는 드디어 정착했다고 믿었다. 떠돌던 삶이 끝났다고, 이제야 내 이름이 적힐 흙이 생겼다고, 그렇게 생각했다. 땅을 사고, 기둥을 세우고, 콘크리트 냄새가 마당에 처음 번지던 날. 나는 벽을 손으로 쓸어내렸다. 바람이 집 안으로 들어오는 방향, 흙 냄새, 햇빛의 기울기까지 이 집을 사랑하려고 마음을 단단히 먹었다. 마을 사람들도 관심을 보였다. 조합장 같은 어르신들이 지나가다 "오, 집 잘 짓네" 하고 구경을 왔다. 웃었고, 고개를 끄덕였고, 겉으로는 따뜻했다.

하지만 겉은 언제나 겉이었다. 내가 먼저 인사를 해도 받지 않는 사람들. 말귀를 못 알아들은 척 지나가는 사람들. 위아래로 훑고 표정이 굳는 순간들. 옷차림과 걸음걸이, 말투와 표정만으로 나를 판단하는 눈빛. 공무원 출신처럼 어깨로 말하는 사람들은 특히 노골적이었다.

"누가 어디서 왔다더라."
"뭐 하던 사람이라더라."

소문은 하루 만에 돌았고, 인맥과 학벌과 경력이 없는 사람은 그저 조용히 숨 쉬고 있는 존재가 됐다. 나는 그래도 노력했다. 마을

행사에 기부했고, 때로는 박스째 과일을 돌렸고, 어르신 집에 가서 무거운 짐도 들었다. 말을 놓을까 말까 망설이는 사람들 앞에서 나는 언제나 존댓말을 꺼냈다. 겸손한 게 예의라고 배웠기 때문이었다. 그런데 묘한 낌새가 있었다. 말끝은 차갑지만, 시선은 뜨겁다. 무시하면서도 호기심 어린, 배척하면서도 끌리는, 이상한 이중성.

내가 없는 자리에서 "돈 좀 있는가 보네"라며 괜히 코웃음을 치는 사람도 있었다. 그러면서도 행사 때는 내 옆에 앉으려 하고, 식사 자리에서는 눈치를 보며 내가 계산하기만을 기다렸다. 인정은 없었지만, 이용하려는 호의가 생겼다. 한마디로 말해, 좋아하지 않으면서 필요로 하는 태도.

마을 회의에서 이장은 또 다른 시험이었다. 이전 이장이 돈을 건드려 문제가 생기자 다들 은근히 나에게 시선을 던졌다.

"해주면 좋지."
"영걸 씨는 믿을 만하지."

듣기 좋은 말 같지만, 그 속은 너무 선명했다. 내가 하면 편해진다는 뜻이었다. 내가 하면 돈이 나온다는 뜻이었다. 결국 내 밑 순위였던 다른 사람이 이장이 됐다. 그에게 잘해줬던 시간들이 있었지간, 이장 자리에 앉고 내게 전화 한번 없었다. 사람은 지위에 따라 달라진다는 말을, 그때 다시 배웠다. 그래도 나는 노력했고, 도왔고, 뭔가가 나아지길 바랐다. 그러나 안 되는 건 안 됐다. 어떤 관계는 해도, 해도, 해도 끝까지 문이 열리지 않는다.

결국 나는 마을 일에서 물러났다. 어느 날 깨달았기 때문이다. 인정받기 위해 한 행동은 결국 인정받지 못한다는 걸. 그 후로 나는 마당에 피어 있는 들꽃이나 보고, 오토바이 시동을 걸고 혼자 바닷바람을 마셨다. 마을 사람들과 웃어주기보다, 바람과 길에게 웃어주는 편이 더 편했다. 사람들에게 속해서도 외로웠고, 사람들에게서 벗어나도 외로웠지만 적어도 두 번째 외로움은 내가 선택한 외로움이었다. 인정받지 못한 삶은 서러웠지만, 그 서러움 속에서 나는 다른 것을 배웠다. 내가 나를 인정할 때만 삶이 비로소 나를 받아준다는 것.

고향 친구들과의 재회

사람에게 상처를 주는 건 낯선 사람이 아니다. 익숙했던 사람이다. 그래서 고향 친구들과의 재회는 늘 복잡했다. 반가움과 서운함이 한 몸처럼 붙어 있다가, 웃는 순간에도 마음 한쪽이 조용히 쑤셨다. 어느 여름, 정선. 초등학교 친구들이 펜션을 빌려서 모임을 가진다는 소식을 들었을 때, 마음이 흔들렸다. 가볼까, 가지 말까. 여전히 어린 시절의 연약한 내가 마음 어딘가에 웅크려 있었고, 그 아이가 겁을 내고 있었다. 그러나 결국 나는 갔다. 한 번쯤은… 그래도 가야 할 것 같아서. 펜션 마당에 차가 멈추자, 친구들이 환하게 달려 나왔다.

"야, 영걸이 왔네!"

그 소리가 너무 따뜻해서 오히려 심장이 잠시 멈춘 것 같았다. 나는 오래된 장면 속으로 돌아간 아이가 된 것 같았다. 축구하던 운동장, 흙먼지, 웃음소리. 가난해도 좋았던 시절. 그 기억이 한순간 눈앞에 겹쳤다. 다들 반가워했고, 끌어안고, 떠들어댔다. 나는 허둥대며 웃었고, 잔을 받아 들었다. 회를 먹고, 고기를 굽고, 술을 따르고, 다시 웃었다. 오랜만에 마음이 편안해지려는 순간이었다. 그런데 술이 돌고, 분위기가 무르익을 때 말의 모양이 조금 달라졌다.

"야, 영걸아, 요즘 잘 나가잖아?"
"형님이 돈 많이 쓰니까 분위기 사네."
"역시 성공한 사람은 다르다니까."

말투는 장난처럼 가벼웠지만 말의 온도는 장난이 아니었다. 그들은 기뻐했고, 진심으로 반가워했지만 동시에 돈이 나를 대신해 그 자리에 앉아 있는 느낌이 들었다. 친구들의 부인들은 더 솔직했다.

"영걸 씨가 사주니까 너무 좋다~"

"남자들은 왜 저렇게 못 하나 몰라."

나를 보며 웃었지만 웃음 뒤에는 묘한 설렘과 의존이 섞여 있었
다. 그때, 술기운을 빌려 한 친구가 말했다.

"결국 성공한 거네, 너."

테이블 위에 올려진 빈 접시들 사이로 그 말이 한참 동안 울렸
다. 성공. 그 단어가 내게 그렇게 낯설었던 적은 없었다. 나는 성공
해서 이 자리에 온 게 아니었다. 부서진 몸이 남긴 돈 때문에 이 자
리에 앉아 있는 것이었다. 나는 그걸 자랑하고 싶지도 않았고, 들키
고 싶지도 않았다. 그 순간만큼은 웃는 얼굴을 유지하는 것이 가장
큰 싸움이었다. 그래도 그들이 밉지는 않았다. 서로 가난했던 아이
들이 어른이 되어서도 여전히 삶에 치이며 살고 있다는 걸 나는 너
무 잘 알고 있었다. 정선에서의 모임은 나를 환영하는 자리이면서
동시에 나를 평가하는 자리였다. 그 모순이 슬펐지만, 나 역시 그들
의 삶을 이해하고 싶었다.

시간이 흐르고 또 다른 모임이 열렸을 때도 나는 초대받았다. 멀
리서 와준 나를 반갑게 맞아 주었고 이름을 부르며 달려 나왔다. 그
따뜻함은 진심이었다. 그러나 그 따뜻함 속에 돈이라는 언어가 끼

                                        7. 내가 잃은 것의 값

어드는 순간, 나는 다시 조용해졌다. 그렇다고 관계를 끊고 싶지는 않았다. 그들과의 추억은 진짜였고, 함께 자란 시간도 진짜였다. 다만 이제는 사람을 믿는 마음과 돈을 경계하는 마음을 동시에 들고 있어야 한다는 것만 배웠다. 어떤 인연은 돈 앞에서 멀어지고, 어떤 인연은 돈과 상관없이 남았다. 남은 사람들은 진짜였고, 떠난 사람들은 떠났을 뿐이었다. 나는 그걸 억지로 붙잡지 않았다. 붙잡으면 아팠기 때문이다.

이상하게도, 그 모든 시간이 지나고 난 뒤 문득 이런 생각이 들었다. 사람들은 나를 사랑했을까, 아니면 나를 통해 얻을 수 있는 무언가를 사랑했을까. 답을 알 수 없어서 한동안 마음이 멍해졌지만, 시간이 지나자 깔끔하게 정리된 문장이 생겼다. 그래도 좋았다. 이용당해도, 오해받아도, 서 있어도. 왜냐하면 나는 더이상 이 관계 속에서 기죽지 않았기 때문이다. 그 사실이 나를 구했다.

8화

끝내 나로 서기까지

행복했다.

아무에게도 빼앗기지 않는 시간,

나만을 위해 살아도 죄책감 없는 날들.

그러다, 작은 점 하나가 삶을 갈라놓았다.

"폐암 4기입니다."

거가대교 휴게소에서 담배를 피우다 무너졌다.

'죽으면 어때, 그동안 살아온 게 지옥이었는데.'

죽어도 괜찮다고 생각했다.

그런데…. 그날 하늘이 너무 아름다웠다.

눈물이 났다.

죽음이 삶을 덮어 들어온 날

삶을 바라보다

아침에 눈을 뜨면 오늘 하루가 온전히 내 것이었고, 밤이 오면 오늘을 잘 살았다고 말할 수 있는 날들이었다. 돈 때문에, 체면 때문어, 가족 때문에, 회사 때문에 억지로 끌려가듯 살아야 하는 하루가 아니었다. 사람을 만나고, 웃고, 음악을 배우고, 오토바이를 타고 바람의 냄새와 도로의 진동을 느끼는 삶. 평생을 남을 위해 살다가 처음으로 나를 위해 살아본 시절이었다. 건강 검진에서 폐에 이상이 있다는 말을 듣기 전까지는. 그날, 병원 의사는 모니터를 가리키며 말했다.

"여기 보이죠? 쇄골 뒤쪽에 작은 점. 큰 문제는 아닐 겁니다. 육 개월에 한 번씩 추적 관찰하시면 됩니다."

무심하고 담담한 목소리. 나는 고개를 끄덕였다. 의사에게는 수

천 번째였을 진단이었을 것이다. 그 말을 그대로 믿었다. 그냥 하나의 행정 절차처럼 들렸다. 의사가 그렇게 말하니, 정말 큰 문제가 아니라고 생각했다. 평소와 다름없는 삶을 살았다. 그리고 육 개월이라는 시간을 잊고 지냈다. 두 해가 지나 있었다. 다시 건강 검진을 받고 나서, 전화가 왔다.

"선생님, 빨리 오셔야 해요. 이거 좀 심각해요."

간호사가 말을 했지만, 그 말을 듣는 순간에도 별다른 감정이 없었다. 놀라지도, 무섭지도 않았다. 어찌 되었든 병원에 가야 했고, 그래서 나는 갔다. 그렇게 도착한 부산 백병원. 의사의 얼굴에 감정이 없었다. 감정이 없는 얼굴일수록 무거운 말을 한다는 걸 사람은 살아보면 알게 된다.

"폐암 4기입니다."

그 한 문장이 무거운 쇳덩이가 아니라 그냥 바람처럼 스쳐 지나갔다. 감정은 일어나지 않았다. 충격도 없었다. 머릿속이 조용해졌다. 거대한 파도가 밀려오는 게 아니라 바다가 아예 멈춰버린 것처럼. 종이를 받아 들고 복도를 나왔다. 복도를 걸을 때 내 발소리가 이상하게 크게 들렸다. 세상은 그대로였다. 사람들은 웃고, 얘기하고, 커피를 들고 다녔다. 나만 멈춰 있었다. 병원은 사람들이 많았지

8. 끝내 나로 서기까지

만, 모든 소리가 물속처럼 멀리 있었다. 주차장까지 걸어갔다. 차 안에서 손을 핸들 위에 얹고 시동을 걸지 못한 채 오래 앉아 있었다. 시간을 기억할 수 없을 만큼. 결국 차를 출발시키고도, 어디를 향해 가는지도 모른 채 거가대교 방향으로 핸들을 틀었다. 창밖은 평화로웠다. 나는 세상이 무너졌는데 세상은 아무 일도 없다는 듯 흘러가고 있었다.

거가대교 휴게소에 차를 세웠다. 조용한 곳이었다. 바람만 강했다. 담배에 불을 붙였다. 연기가 아주 천천히 올라갔다. 그때, 갑자기 감정이 밀려왔다. 암이구나. 병명은 한참 전에 들었는데 의미는 그제야 도착했다. 삶이 무의미하다고 생각했던 시간들 때문이었을 것이다.

죽으면 어때. 그동안 살아온 게 지옥이었는데. 그 생각이 먼저 떠올랐다. 한 번도 쉬워 본 적 없는 삶. 매번 맞서 싸우고, 버티고, 견디고, 다쳐야만 했던 시간들. 차라리 끝이라면 편하겠다는 마음이 가장 먼저 나왔다. 그런데 이상하게도, 그 순간 하늘이 너무 아름다웠다. 바람이 세게 불었고, 구름이 길게 흘러갔다. 햇빛이 바다에 부서지며 반짝였다. 왜 하필 그날, 왜 하필 그 순간 하늘은 그렇게까지 아름다웠을까. 눈물이 났다. 소리도 없고, 떨림도 없는 눈물. 죽고 싶지 않다는 감정이 아주 늦게, 아주 조용히 가슴 깊은 곳에서 올라왔다.

무서움도 그제야 찾아왔다. 담배를 바닥에 떨어뜨렸다. 바람이 세게 불었다. 불씨가 아주 멀리 굴러갔다. 차로 돌아가는데 다리가 조금 흔들렸다. 몸이 아니라 마음이 흔들린 것이었다. 그 순간 깨달았다. 나는 살아남기 위해 평생 싸워왔지만, 정작 살고 싶다는 마음으로 산 적은 거의 없었다는 것을. 폐암 진단은 나를 죽음으로 몰아넣은 것이 아니라 오히려 처음으로 삶을 바라보게 만든 순간이었다.

법정, 보상, 그리고 역설적인 승리

집에 돌아와 아내에게는 아무 말도 하지 않았다. 그저 무심한 척 말했다.

"서울 큰 병원 한번 가보자."

국립암센터. 처음 도착했을 때 의사는 내가 처방받아 온 약을 보더니 화를 냈다.

"왜 이걸 먹고 왔습니까? 진단 직후에 먹는 약이 아닙니다."

그 말이 맞는지 틀리는지 몰랐다. 그저 지시를 따랐다. 그 병원에서도 약을 처방했다. 나는 먹었다. 거의 일 년 동안. 어느 날부터 가슴이 띠끔띠끔 아파오기 시작했다. 그 감각을 말하자, 의사는 PET-CT를 권했다. 검사 결과, 뇌 전이라는 말을 들었다. 그 순간이 가장 어두웠다. 하늘이 무너진다는 말이 과장이 아니라는 걸 처음 알았다. 나는 다시 의심했고, 국립암센터를 떠났다. 세브란스 병원을 찾았다. 거기서도 비슷한 말을 들었다.

"왜 이 약을 먹고 왔냐고요."

나는 할 말이 없었다. 그저 살아남고 싶었을 뿐인데, 진료실 안에서는 늘 누군가의 꾸짖음과 싸워야 했다. 세브란스 의사는 많은 것을 알고 있었다. 결정을 내릴 때 망설이지 않았다. 나는 그를 믿었다. 조직 검사를 한다는 말과 함께 마취를 했고 눈을 뜨자 "검사를 하다 조직 일부를 제거했습니다"라는 말을 들었다.

그리고 방사선 치료. 일주일 동안 뇌를 쐬었다. 고통스러웠다. 하지만 견뎠다. 문제는 약이었다. 보험이 적용되지 않는 비급여. 처방전을 들고 약국으로 갔을 때 약사가 계산기를 두드렸고, 나는 금액을 기억하고 있다. 약값은 이천만 원이 넘었다. 말수가 줄었다. 딸과 내 카드 한도를 다 합쳐도 안 됐다. 은행 체크카드에서 잔액이 빠져나가는 걸 보며 나는 말했다.

"됐습니다. 결제해 주세요."

약이 든 봉투가 무겁게 느껴진 건 약 때문이 아니라, 살아야 한다는 마음 때문이었다. 약값으로 쓰러질 것 같았을 때, 내게 또 다른 싸움이 있었다. 근로복지공단. 용접 일을 하며 들이마신 아연 가스와 유해 물질들. 폐암은 우연이 아니었다. 나는 그걸 알고 있었다. 노무사를 찾아갔다.

방사선 치료 후, 뇌 전이는 많이 좋아졌다는 말을 들었다. 다만 완전히 사라진 것은 아니니, 육 개월에 한 번씩 관찰해야 한다고 했다. 시간은 다시 흘러가기 시작했다. 그러나 예전처럼 흘러가지는 않았다. 몸이 근질거리고 잠이 오지 않았다. 뇌 전이 때문인지, 정신과 약 때문인지, 누구도 정확히 말해주지 않았다. 나는 계속 병원에 다녔다. 나는 감염병 앞에 선 약자이면서도 그 어떤 환자보다 강한 사람 같았다. 살고 싶었다. 그 생각 하나가 지금의 나를 버티게 했다.

나는 아직 살아 있다. 아직 완치된 것이 아니고 아직 끝난 것도 아니다. 하지만 죽음이 삶에 들이닥쳤던 그 날 이후로 나는 달라졌다. 사람보다 바람이 편할 때가 있고, 집보다 병원이 덜 무서울 때가 있고, 웃음보다 침묵이 더 진실할 때가 있다. 그리고 나는 안다. 지금 누리는 여유는 승리의 보상이 아니라 살아남은 사람에게 주어진 짧은 휴식이라는 걸. 나는 오늘도 숨쉰다. 아직 끝이 아니다.

고통과 자유의 교차점

경제적으로는 풍요롭다. 카드 잔고를 확인하며 한숨 쉬던 시절은 끝났다. 돈이 사람의 마음을 바꾼다기보다는 세상이 나를 대하는 방식이 바뀌었음을 느낀다. 그러나 밤이 오면 이야기가 달라진다. 불을 끄고 누우면 몸이 먼저 말한다. 가슴 한쪽이 저릿하고, 가슴 속 어딘가가 울컥거리고, 어둠이 깊어지는 만큼 통증도 깊어진다. 경제적 여유보다 건강의 결핍이 더 선명해지는 시간. 누우면 아프고 일어나면 그래도 괜찮았다.

잠이 오지 않을 때가 많다. 옆으로 뒤척이면 아프고 반대로 누우면 또 아프고 통증이 몸을 흔들면, 무기력함이 마음을 흔든다. 그럴 때 나는 가만히 숨을 세고 지나온 시간을 생각한다.

'돈이 생기고 나니, 몸을 아껴야 한다는 걸 알았다.'

아이러니였다. 돈이 없을 때에는 몸이 부서져도 일했고, 돈이 생긴 지금은 몸을 아낄 수 있다. 그러나 이미 몸은 오래전에 무너져버렸다. 경제적으로 풍요로워진 지금, 나에게 가장 큰 숙제는 돈이 아니라 몸이다. 다른 사람에게는 사소한 감기일지라도 내게는 공포다. 작은 통증 하나가 암의 그림자로 느껴지는 밤이 있다.

몸은 아프다. 하지만 오토바이를 탈 때만큼은 아프지 않다. 아픔이 멈춘다기보다 아픔보다 집중이 더 크다. 시동을 거는 순간, 몸이 아니라 세상이 먼저 떨린다. 핸들에 손을 얹고, 왼손 레버를 당기고, 기어를 넣는 순간, 통증은 뒷좌석으로 밀려난다. 달릴 때만큼은 나는 자유롭다. 그러면서도 누구보다 절박하게 안전을 붙잡는다. 살아야 한다. 살아남아야 한다.

쇳가루 뒤집어쓰던 시절에는 죽는다는 말이 큰 공포가 아니었다. 죽어도 억울할 삶이었고, 죽는다고 특별히 아쉬울 것도 없었다. 지금은 다르다. 여유가 생기고, 시간이 생기고, 쉼이 생기고, 하고 싶은 것들이 생겼다. 그래, 죽음 앞에서 세상은 아름다워진다. 이제는 죽고 싶지 않다. 달릴 때마다 몸이 말한다.

"살고 싶다."

엔진음은 단순한 소리가 아니다. 오랫동안 눌렸던 내가 세상으로 빠져나오는 비명이고 살아 있다는 증거다. 차가 옆을 스칠 때 나는 반자동으로 몸을 낮추고, 회전할 때는 속도를 줄이고, 브레이크를 두 번 밟아 리듬을 조절한다. 오토바이를 타는 사람들은 안다. 그건 기술이 아니라 감각이고, 감각이 아니라 생존이다. 살아남은 사람이 살아남기 위해 달리는 시간. 가끔은 헬멧 속에서 눈물이 흐른다. 바람 때문이 아니라 이제야 나를 위해 사는 인생이 시작됐다는 실감 때문에. 예전에는 누군가를 부양하기 위해 살았고, 누군가에게 인정받으려고 살았고, 누군가에게 무시당하지 않으려고 살았다. 지금은 나를 위해 산다. 그것이 슬프고, 아프고, 안도 된다.

속도를 올리면 과거가 멀어지고, 속도를 낮추면 현재가 또렷해진다. 붉은 신호 아래에서 정지선을 넘지 않으려 앞바퀴를 정확히 맞추고 서 있는 순간, 나는 늘 같은 생각을 한다. 이제는 내가 나의 생명을 책임져야 한다. 그 누구도 대신 살아주지 않으니까. 그리고 다시 달린다. 살기 위해. 살아 있기 위해.

"나는 처음부터 거친 사람이 아니었다.

세상이 먼저 날 거칠게 만들었다.

미움으로 버텼고, 억울함으로 버텼다.

밟히지 않으려 이빨을 세웠다.

이제야 되돌아보니,

남을 이기려던 것이 아니라

나를 잃고 싶지 않았던 것이었다.

그렇게 나로 살아 다행이다.

상처투성이였어도, 굽히지 않고 끝까지 나로 남았으니…"

나로 살아 다행이다

나는 58년 개띠다

늦게야 알게 되었다. 자극에 대한 반응은 타고나는 것이 아니라 살아남기 위해 만들어지는 것이라는 걸. 나는 아주 오래 묻어두었던 마음의 서랍을 열어보게 되었다. 무엇이 나를 이렇게 만들었는가. 언제부터 내가 이런 사람이었는가. 나의 삶은 왜 이렇게 살얼음처럼 살아야 했는가. 다시 생각해 보면 기묘하다. 나는 처음부터 거칠었던 게 아니었다. 초등학교 저학년 때, 나는 누군가의 뒤꽁무니를 따라다니는 조용한 아이였다. 놀림을 받아도 그냥 웃고 넘겼고, 불러주면 가고, 부르면 멈추던 아이. 물에 빠졌다 건져졌다는 어른들의 말 때문에 물을 무서워한 것처럼, 세상도 막연히 두려웠다.

그런데 삶은 나를 가만두지 않았다. 십 대 시절부터 먹고 살기 위해 세상에 던져졌다. 신문팔이, 소매치기, 날치기. 보통 애들은 교복 입고 연습장 펴던 시절, 나는 하루의 절반 이상을 길거리에서 보냈다. 어린애에게는 너무 빠른 세상. 돈이 없다는 건 사랑이 없다는 거였고, 힘이 없다는 건 존재가 없다는 거였다. 그 속에서 울보는 살아남을 수 없었다.

"살아남아야 한다."

그것이 가장 중요한 때였다. 말을 곱게 하는 친구는 조롱당했고, 순한 애는 이용당했다. 나도 결국 배웠다. 아니, 부서졌다. 누가 나를 밀면 물어뜯었고, 누가 나를 조롱하면 욕을 배웠고, 누가 나를 쓰러뜨리면 주변에 있는 무엇이든 들어 휘둘렀다. 잘못 건드리면 끝장을 본다. 그게 생존이었다.

이십 대 초반, 군대 가기 전. 면목동 일대에서 감옥 다녀온 사람들, 도망치듯 살아가는 사람들과 어울리며 더 거칠고 냉소적인 인간으로 바뀌기 시작했다. 힘없는 사람은 말라 죽었고, 착한 사람은 사라졌다. 내가 살아남은 방식은 내 것만큼은 절대 빼앗기지 않는 것. 그마저도 지키지 못한 사람들 너무 많이 봤으니까. 시대가 그랬다. 악착같지 않으면 손가락질당했고, 순하면 밟혔다. 그렇게 나는 점점 거칠고 냉소적인 사람이 되었다.

거제도로 내려와 조선소에 들어갔을 때, 아주 잠시 예전의 나로 돌아갔었다. 조용했고, 소심했고, 적당히 양보하고, 말없이 일하고,

      8. 끝내 나로 서기까지

사람들에게 싫은 소리 안 했다. 그게 편할 줄 알았고, 그게 나라고 생각했다. 어린 시절의 나처럼 뒤로 물러나고, 눈치 보고, 소리 없이 지냈다. 하지만 현장은 그런 사람을 놓아두질 않았다. 체구 작다고 놀리고, 말투 어눌하다고 무시하고, 나를 밀치듯 밟고 올라가려는 사람들. 그 순간 내가 잊고 있던 어린 시절의 그 문장이 다시 깨어났다.

"죽기 아니면 까무러치기."

참고, 참고, 또 참다가 무시가 반복되면 어느 순간 터졌다. 손이 떨리고, 얼굴이 달아오르고, 욕이 쏟아지면 나도 나를 말릴 수 없었다. 상대가 세게 나오면 나는 더 세게 나갔다. 물어뜯거나, 집어 들거나, 잊혀지지 않을 흔적을 남겼다. 그래야 다시는 무시하지 않았다. 그게 방어였다. 그게 살아남는 법이었다.

나를 지킨 분노, 나를 갉아먹은 분노

지금 와 보니 그 분노는 나를 망친 것이 아니라 나를 지킨 것이었다. 그 사실이 참 서럽다. 나를 폭발시키는 버튼은 항상 같았다. 무시당할 때, 내 뜻대로 되지 않을 때, 두 가지가 겹치면 끝이었다. 아무리 나를 말려도 들리지 않고, 이유, 설명, 체면, 주변 시선 같은 건 다 사라졌다.

"나는 여기 있다."

그 절박한 외침만 남았다. 오토바이 매장에서 욕하고 바닥을 뒹굴었던 날. 음악실에서 악기를 부수려 했던 날. 그 모든 폭발의 밑바닥에는 분노가 아니라 억울함이 있었다.

"왜 나는 이렇게밖에 인정받지 못해야 하나."
"왜 내 마음은 아무도 몰라주나."
"왜 나만 늘 혼자 싸워야 하나."

그 억울함은 전쟁이 끝났는데도 총을 내려놓지 못한 병사의 손 같았다. 돌이켜 보면 나는 세상을 미워한 것이 아니었다. 인정받고 싶었다. 그저 사람 대접받고 싶었다. 내가 없으면 허전해할 사람, 내 이야기를 진짜로 들어주는 사람, 나를 서러움 없이 바라봐주는 사람이 딱 한 명만 있었더라면 나는 이렇게 날이 서 있지 않아도 됐을 것이다.

약하면 밟히던 시대. 울면 뒤처지던 시대. 마음을 들키면 끝이던 시대. 우리는 그렇게 컸고, 그렇게 버텼고, 그렇게 늙어갔다. 그래서 지금 와서야 비로소 말할 수 있다. 나는 나쁜 사람이 아니었다. 두려웠던 사람이었다. 외로웠던 사람이었다. 무시당하기 싫어서 날카로워졌고, 사랑받고 싶어서 독해졌다. 병원 침대 위에서 이 모든 것을 생각하니 마음이 이상하게 잔잔해졌다.

원망으로 살아왔는데, 이해가 찾아왔다. 분노로 싸워왔는데, 슬픔이 모습을 드러냈다. 그리고 깨달았다. 나는 평생 싸운 것이 아니라 평생 버텼던 것이라는 걸. 그 사실을 이제는 미워하지 않으려 한다. 부끄러워하지도 않으려 한다. 나를 만든 시간이었으니까. 하지만 분노가 나를 살린 시절은 끝났다. 나는 지금 내 분노보다 앞선 나를 보고 있다. 어린 시절의 조용한 나도, 거친 삶을 뚫고 나온 독종인 나도, 둘 다 나였다. 어느 쪽도 틀린 적은 없다.

이제 남은 시간 동안 나는 증명하지 않아도 되는 사람이 되고 싶다. 누군가를 이기지 않아도 되고, 누군가에게 보여주지 않아도 되고, 누가 나를 몰라줘도 괜찮은 사람. 오래 걸렸지만 나를 지키기 위해 키웠던 분노를 이제는 나를 괴롭히지 않도록 내려놓고 싶다. 살아남기 위해 발버둥 쳤던 날들, 무시당해 피를 토하듯 싸웠던 날들, 사랑받지 못해 분노했던 날들까지 사라지지 않아도 좋다. 그 모든 것 위에 나의 마지막 장이 시작되었으니까.

하고 싶었으나 할 수 없었던 삶

돈을 벌어도, 몸이 무너져도, 사람에게 배신당해도, 나를 가장 오래 따라다닌 감정은 '못 배웠다'라는 자책이었다. 가난보다, 차별보다, 폭력보다, 배움의 결핍이 가장 깊은 상처였다. 황토학교에 다닐 때 처음 며칠은 행복했다. 칠판 냄새. 분필 부서지는 소리. 책 넘기는 손가락들이 내 귀에는 음악처럼 들렸다. 누군가에게는 당연한 풍경이 나에게는 오래 기다린 선물이었다. 그런데 영어가 시작되자 금세 무너졌다. 모두가 웃고 고개를 끄덕일 때 나는 멍하게 앉아 있었다. 선생님이 내 이름을 불렀다.

"영걸 씨, 여기까지 읽어보세요."

그 한 문장이 나를 끝내 버렸다. 입이 말라붙었다. 혀가 굳었다. 문장을 바라보는데 글자가 모래처럼 흩어졌다. 지적을 받자, 심장이 주저앉았다. 모두가 듣는 앞에서 나의 무지가 들켰다. 아팠고, 부끄러웠다. 그리고 그 순간, 배움은 다시 멀어졌다. 그날 이후 몸이 피곤하다는 핑계를 댔다. 조금씩 빠지고 결국 그만뒀다.

아무에게도 말하지 않았지만, 나는 알고 있다. 나는 가난 때문에 못 배운 게 아니라 상처 때문에 못 배운 사람이다. 배움은 갈망이었다. 동시에 좌절이었다. 평생 나를 쫓아다니는 그림자였다. 면접 때

영어 한 줄을 읽지 못해 눈앞의 기회를 놓칠 때도 있었다. 면접관의 눈빛과 한숨. 고개를 숙이는 내 모습. 그때 깨달았다. 배우지 못한 사람은 꿈을 꾸는 방법조차 배우지 못한다. 그 사실이 지금도 가슴을 찌른다.

끝내 나를 잃지 않아서

그런데, 이상한 일이다. 한세월이 지나 뒤돌아보니, 그렇지 않았기 때문에 지금의 내가 있었다. 어느 날 유튜브에서 이런 말을 들었다.

"수능 문제를 잘 풀려면, 문제를 낸 사람의 의도를 읽어야 한다."

요즘 학생들이 대학을 가기 위해 보아야 한다는 수능. 그것을 잘하려고 하면 문제를 낸 사람의 뜻에 따라야 한다는 그 말을 듣는 순간, 오래된 기억과 감정들이 주마등처럼 스쳐 지나갔다. 그래서 사람들은 그렇게 눈치를 보고 살았던 거구나. 윗사람의 의도. 회사의 의도. 조직의 의도. 세상의 정답에 맞춰 자신을 깎고 다듬고 줄을 서며 '기회'를 얻으려고 애쓰는 삶. 학교에서 배우는 것은 단지 지식만이 아닐 것이라는 생각이 들었다. 학교에서 배운 사람들 중 많은 사람이 살아남기 위해서가 아니라, 자기보다 힘이 센 사람들에게 잘 보이기 위해 산다는 것을 나는 그때 처음 깨달았다. 그들은 윗사람의 눈에 들기 위해, 윗사람에게 실망을 주지 않기 위해, 윗사람으로부터 버려지지 않기 위해 스스로를 길들이고 있는 것인지도 몰랐다.

그런데 돌아보면 나는 그렇게 살지 않았다. 그렇게 살지 못한 것이 아니라 그렇게 살지 않고 버틴 것이다. 조직이 원하면 조직의 사람이 되고, 윗사람이 좋아하는 방식으로 바뀌어야 한다면 나는 기꺼이 거절했다. 고분고분해지기 싫어서, 나는 들개처럼 살았다. 불편하고, 위험하고, 인정받지 못해도 나를 포기하고 싶지 않았다. 이제는 말할 수 있다. 학교에서 배웠다면, 나 역시 길들었을지 모를 일이다. 위를 향해 눈치를 보며, 누군가의 마음을 맞추느라 나를 버리고 나를 잃어버렸을지도 모른다.

배움이 평생의 설움이었지만, 어쩌면 그 결핍 덕분에 나는 적어도 나 자신만큼은 속이지 않고 살았다. 돈 때문에, 직급 때문에, 평가 때문에 굽신거리며 살지 않았다. 잘난 사람 앞에서 작아지지 않으려고 눈물 흘리며 버텼던 시간이 뒤늦게야 내 편이 되어 주었다. 나는 하고 싶었으나 할 수 없었던 삶을 살아온 줄 알았다. 그러나 이제는 안다. 나는 할 수 없었던 것이 아니라 하지 않으려고 버틴 사람이다. 뒤돌아보니, 그렇게 버티며 산 사람들은 생각보다 많지 않다. 흔들리면서도 꺾이지 않고, 두릎 꿇을 순간에도 끝내 일어난 사람들. 내가 그 무리에 속한다는 사실을 늦게야 깨달았다.

세상은 나를 패배자로 여겼을지 몰라도, 나는 끝내 나를 버리지 않았다. 그 사실이 지금은 조용히 나를 일으켜 세운다. 누구에게도 말해준 적 없는, 가장 깊은 고통이었던 '못 배운 설움'이 이제는 나에게 이렇게 말해준다.

"그래도 너는 너로 살았다. 세상이 원하는 방식이 아니라 네가 견딜 수 있는 방식으로."

나를 남기는 글

아무도 몰라도, 아무도 인정해 주지 않아도 상관없다. 길들지 않기 위해 물어뜯고, 울고, 부서지고도 굽히지 않으려 버티며 여기까지 왔다. 그 삶이 지저분해 보여도, 남들 눈에 초라해 보여도, 나는 그 시간을 부끄럽게 생각하지 않는다. 흔들리면서도 꺾이지 않고, 무릎을 꿇은 순간에도 다시 일어난 사람들은 많지 않다. 그리고 나는 그 무리에 속했다. 그 사실이면, 한 인간의 삶으로는 충분하다.

그러고 나서야 깨달았다. 버티는 데는 이유가 있었다. 그 이유를 나는 아주 오래 모른 척하고 살았다. 나는 노동자였지만, 마음속에는 늘 예술가가 있었다. 누가 알아봐 준 적은 없지만, 나는 알고 있었다. 내 손은 단순히 돈을 벌기 위해 움직이는 손이 아니었다는 것을. 용접도 단순히 쇠를 이어붙이는 일이 아니었다. 그라인더도 단순히 표면을 다듬는 도구가 아니었다. 내가 철판을 쓰다듬고, 불꽃을 조절하고, 용접 비드를 매끈하게 뽑아낼 때 그건 기술이라기보다 표현이었다. 흔들림 없이 곧은 선을 만드는 일. 벌어진 틈을 흠 없이 메우는 일. 그건 음악이 음과 음을 정확하게 맞추는 일과 닮아 있었다. 붓이 종이 위에 멈추는 순간을 정확히 알아야 하는 서예와도 닮아 있었다.

아무도 몰랐다. 그 저녁 어둠 속에서, 거대한 배 아래에서, 나는 예술을 하고 있었다는 걸. 쇳가루로 배가 터져 나갈 듯한 소음 속에서도 나는 소리 아닌 소리를 다듬고 있었다는 걸. 서예 교실에서 붓글씨를 쓰는 사람들을 본 적이 있다. 어렸을 때는 신문 위에 손가락으로 따라 쓰며 글자의 선과 결을 훔쳤다. 붓끝을 세심하게 움직여 아름다운 글씨를 남기듯 용접도 세밀하게 불꽃의 끝으로 글자를 새기듯 작품을 만드는 일이었다. 내 정신은 그런 예술성으로 일해 왔다.

꽃은 시든다. 그러나 글은 남는다. 몸은 무너진다. 그러나 문장은 남는다. 그래서 나는 지금 밤마다 잠이 오지 않는 대신 글을 쓴다. 어렸을 때부터 신문 여백에 낙서하듯 문장을 적었다. 아무도 보

   8. 끝내 나로 서기까지

지 않았지만 나는 알고 있었다. 언젠가 내 이야기를 내 문장으로 쓰고 싶다는 바람이 있었다. 아파서 깨어 있다가 살아 있기에 쓴다. 누구에게 자랑하려는 글이 아니다. 누구에게 용서받기 위한 글도 아니다. 그저 끝까지 버티고 살아온 나를 마지막으로 한 번 내 손으로 증명하고 싶은 것이다.

그래서 나는 오래전부터 알고 있었다. 언젠가 내 이야기를 내 문장으로 쓰고 싶다는 걸. 누가 읽든 말든, 누가 알아주든 말든, 나는 내 삶을 내 손으로 남기고 싶다는 바람이 있었다. 꽃은 시든다. 몸은 무너진다. 사람은 늙고 사라진다. 하지만 문장은 남는다. 그래서 나는 지금 밤마다 잠이 오지 않는 대신 글을 쓴다.

부서지고도, 남은 것

천한 일은 없다

한세상 버텨 살고 보니, 뒤늦게서야 보이는 것들이 있다. 그중에서도 가장 늦게 도착한 깨달음이 있다. 노동은 천하지 않다는 것. 어떤 일도 천해서는 안 된다는 것. 누군가에게 꼭 필요한 일이라면, 그건 이미 귀한 일이라는 것을 이제 나는 안다. 나는 평생 노동을 하며 살았다. 몸을 부수며, 뼈를 갈아서, 손가락이 휘고 팔다리가 부서져 가면서. 겁이 나고, 밥값이 간절하고, 인정이 고팠고, 살아남고 싶어서 일했다. 조선소 한복판에서 용접 불똥을 맞으며 숨을 들이마시고 뱉어내던 시간들. 트랜스포터 위에서 수백 톤짜리 블록을 움직이며, 잘못하면 큰 사고가 날 수도 있는 일들을 감당하던 순간들. 나는 오랫동안 여름이면 더 덥고, 겨울이면 더 추운 조선소의 맨 밑바닥에서 버티며 일했다. 그때의 나는 이렇게 생각했다.

"내 일은 천한 일이다. 남들은 좋아 보이는 일 한다는데 나는 쇳가루 뒤집어쓰고 산다.”

그렇게 삼십 년 가까이를 생각했다. 내 일은 남보다 아래에 있는 일이라고. 나는 하급 노동자라고. 내 노동은 ‘육체노동’이라고 불린다는 이유 하나만으로 값어치가 떨어진다고. 그렇게 스스로 깎아내리고 살아왔다.

그런데 이상하다. 나이를 먹고, 아프고, 시간이 흐르고, 죽음을 생각할 만큼의 병을 한 번 겪고 나니 눈이 바뀌었다. 아주 단순한 질문이 나를 흔들었다. 식당에서 일하는 분이 없으면, 이 많은 사람이 대체 어디서 밥을 먹을까. 청소하는 사람이 없으면, 의사는 수술대 위에 제대로 설 수 있을까. 하청 노동자가 없으면, 거대한 배가 바다를 건널 수 있을까. 그제야 세상이 다르게 보이기 시작했다. 의사도 필요하고 선장도 필요하지만, 설거지하는 사람, 바닥을 닦는 사람, 용접하는 사람, 배를 끌고 가는 사람, 모든 사람이 있어야 세상이 굴러간다.

희소한 것이 중요한 게 아니라 필요한 것이 중요한 거다. 너무 늦게 배웠다. 하지만 늦게라도 배워서 다행이라고 생각한다. 나는 여전히 배운 게 없다. 책보다 손으로 살아왔고, 계산기보다 몸으로 살아왔다. 그래도 이제는 안다. 천한 일 따위는 없다. 다만 천하게 만드는 시선이 있을 뿐이다. 조선소를 떠난 지금도 거대한 배가 안

     8. 끝내 나로 서기까지

벽 옆에 세워져 있는 모습을 보며 나는 무심코 생각한다.

"저 배 안에는 수백 명의 노동자가 있다. 그들의 땀이 없다면 저 배는 한 치도 움직일 수 없다."

과거에는 몰랐다. 나조차 나를 천하게 봤으니까. 그러니 남들이 나를 천하게 본다고 느낄 때마다 몸을 던져 싸우며 "나는 천하지 않다"라고 울부짖었던 거다. 그 바닥에 깔린 원망과 분노의 뿌리가 바로 여기 있었다는 걸 이제야 안다.

그리고 또 하나, 노동조합. 젊었을 때는 필요성을 몰랐다. 월급 올려달라, 복지 올려달라 외치는 집단으로만 봤다. 하지만 이제는 안다. 내가 누렸던 많은 권리—휴식시간, 안전 교육, 위험수당, 정년, 퇴직금— 그 모든 것에 나는 빚지고 있었다는 걸. 나는 투쟁한 적이 없었지만, 누군가 대신 싸워준 덕분에 나는 밥을 먹고, 아이를 키우고, 다치고도 다시 일어설 수 있었다. 나도 모르게 도움을 받은 것이다. 그 사실을 깨닫는 데 평생이 걸렸다.

그래서 나는 이제 이렇게 말한다. 일을 하는 모든 사람은 누군가를 먹여 살리고, 지켜내고, 움직이고, 하루를 돌아가게 만드는 사람이다. 그게 노동이고, 그게 가치다. 그게 사람이다. 어떤 사람은 책상을 지키며 일하고, 어떤 사람은 바닥을 닦으며 일하고, 어떤 사람은 바다 위에서 일하고, 어떤 사람은 병원에서, 식당에서, 공장에서 일한다. 그 모든 자리에서 한 사람이 하루를 버틴다는 사실. 그게 얼마나 위대한 일인지 나는 늦게야 알았다. 그리고 이제, 뒤늦게 깨달은 이 사실이 내 삶을 조금 덜 억울하게 만든다. 나는 평생 노동자로 살았다. 그 말이 이제는 나를 부끄럽게 하지 않는다. 오히려 자랑스럽다. 정말 자랑스럽다. 세상은 누군가의 손으로 돌아간다. 그리고 그 손 사이에 내 손도 있었다.

가까울수록 어려운 사랑

가족 이야기를 할 때면 마음이 복잡해진다. 사랑이 없는 건 아니다. 그런데 사랑이 닿지 않는다. 손을 뻗으면 잡힐 것 같은데, 막상 닿으려 하면 허공이 된다. 아내도, 아이들도, 며느리까지. 다 가까이 있는데, 다 멀다. 젊을 때는 이유를 몰랐다. "왜 나를 무시하나, 왜 나를 몰라주나" 화만 치밀었다. 이제는 조금은 안다. 우리 가족 모두가 사랑을 배운 적이 없었다. 그래서 표현하는 법을 모르는 것뿐이었다.

아내는 오랫동안 나에게 무관심했다. 내가 밤늦게 들어와도, 술에 취해 비틀거려도, 심지어 바람을 피워도 어떤 말도 하지 않았다. 그게 처음엔 편한 줄 알았다. 나를 방해하지 않는다고. 그런데 세월

                                                              8. 끝내 나로 서기까지

이 지나고 몸이 아프고 마음이 무너진 날들 속에서 깨달았다. 무관심도 충분히 상처가 된다는 걸.

아들 역시 거리가 멀다. 조언을 하면, 대답을 안 하기 일쑤고, 때로는 말을 자르며 대화를 막는다. 아빠의 흠을 보며 자란 아이가 아빠를 닮지 않으려 애쓰는 거다. 슬프지만… 이해한다.

그리고 딸. 예전에는 아내의 영향을 많이 받은 것 같아 걱정스러웠다. 사람의 흠을 예리하게 찾아내고, 자기 방식이 확실하고, 쉽게 물러서지 않는 사람. 그런 모습이 불안하기도 했다. 그런데 세월이 지나고 몸이 아프고 병원을 드나들면서 딸이 나를 챙기는 방식이 보이기 시작했다.

"아빠 병원 다녀오셨어요?"
"약은 잘 챙겨 드시고요?"

가끔 오는 연락이, 가끔 건네는 말이 예전에는 당연한 관심이라고 생각하지 못했다. 이제는 안다. 딸이 무뚝뚝한 말투 뒤로 마음을 숨기고 있다는 걸. 표현이 익숙하지 않은 가족 안에서, 딸은 나름의 방식으로 사랑을 보내고 있었다. 나는 병원 앞에서 딸을 기다리고 있는 나를 본다. 딸은 바쁜 와중에도 시간을 내서 병원에 함께 오고, 의사 설명을 꼼꼼히 듣고, 내가 못 들은 부분을 다시 정리해 준다. 딱딱하고 이성적인 말투, 하지만 그 뒤에 있는 진심은 확실하다.

딸은 나를 챙긴다. 정이 없어서가 아니라, 상처가 많은 시대를 견디며 자란 사람이어서 어색할 뿐이다. 그래서 딸에 대해서는 이제 마음이 다르다. 걱정이 없어지는 건 아니지만, 딸이 나를 외면하는 게 아니라 딸이 배운 방식대로 사랑하고 있다는 걸 조금 늦게 깨달았을 뿐이다.

사랑을 배우지 못한 사람들이, 서로 사랑하려고 애쓰는 시간

가족 간의 거리는 여전히 있다. 하지만 예전처럼 원망으로 끝나지 않는다. 원망하려 들면 평생 끝이 없고, 제대로 따져보면 누구 하나 미워할 사람도 없다. 각자 살아오느라 다들 부서졌고, 버티느라 여유가 없었을 뿐이다. 그리고 무엇보다 누구의 마음도 내 힘으로 바꿀 수 없다는 걸 인정하니 조금은 덜 아프다.

텔레비전에서 암 환자를 보살피는 따뜻한 가족 모습을 보면 여전히 마음은 무너진다. 하지만 예전처럼 분노에 잠기진 않는다. 그게 남의 이야기라는 걸 인정하니까. 그리고 우리 가족의 방식도 언젠가 조금씩 달라질 수 있다는 가능성을 버리지 않으니까. 언젠가 아이들이 내 이야기를 듣고 싶어 할 날이 올까? 모른다. 오지 않아도 괜찮다. 그래도 나는 기다릴 것이다. 강요가 아니라, 원망이 아니라, 그냥… 사랑 때문에. 예전의 나였다면 이렇게 말했을 것이다.

"내가 이렇게까지 했는데 왜 몰라주냐."

지금의 나는 이렇게 말한다.

"몰라줘도 괜찮다. 그래도 계속 사랑한다."

어쩌면 이게 늦게 도착한 어른의 마음인지도 모른다. 뜻대로 되지 않아 속상해도, 그런 삶도 삶이라고 인정할 수 있게 된 마음. 행복하지 않은 순간을 억지로 행복하다고 꾸미지 않고, 아픈 건 아픈 대로 인정하면서 그래도 손을 완전히 놓지는 않는 태도. 누가 먼저 다가올지는 모르지만, 누가 먼저 사과할지도 모르지만, 누가 먼저 마음을 여는지는 중요하지 않다. 중요한 건 단 하나다. 이제는 가족과의 관계에서도 내가 나를 잃지 않는 것. 미움이 아니라, 포기가 아니라—아주 느리고, 낯선 방식의 사랑으로.

그래서 요즘은 억지로 바꾸려 하지 않는다. 누구의 마음도 내 힘으로는 바뀌지 않는다. 대신 이렇게 스스로에게 말한다. 이제는 상처만 세지 말자. 기대를 줄이고, 포기하지는 말자. 억지로 가까워지려 하기보다 닿을 수 있는 만큼만 다가가자. 아들에게 먼저 연락을 해보는 날도 있고, 딸의 고집스러운 방식에 잔소리 대신 웃어넘기는 날도 있고, 아내와는 여전히 거리가 있지만 예전처럼 싸움으로 끝나지 않는 날도 있다. 아주 조금, 아주 천천히 변하고 있다는 걸 아무도 몰라도 나는 안다.

고독한 자유, 그러나 당당한

어느 날 문득 깨달았다. 사람들 속에서 외롭게 사는 것보다, 나답게 사는 고독이 더 따뜻하다는 사실을. 예전에는 끊임없이 무리에 속하려 했다. 친구들 사이에 껴 있어야 했고, 어울려야 했고, 인정받아야 했다. 그 한가운데에 서 있어야 내가 비로소 존재하는 것 같았다. 그런데 마음을 다치고, 배신당하고, 때로는 무시당하고, 잊힌 사람 취급을 받으며 버티다 보니 결국 외로움 앞에 멈춰 서게 되었다.

처음엔 겁났다. 외롭게 살다 사라질까 두려웠다. 아무도 내 편이 아닐까 봐 무서웠다. 그런데 이상한 일이 일어났다. 사람이 사라지자, 마음이 조용해졌다. 누구에게 맞추지 않아도 되고, 억지로 웃지 않아도 되고, 눈치를 보며 말하지 않아도 되는 세상이 마치 아주 먼 옛날부터 나를 기다리고 있었던 것처럼.

어느 날 혼자 밥을 먹고, 혼자 오토바이를 몰고, 혼자 바다를 바라보며 앉아 있을 때 갑자기 가슴이 뜨거워졌다. 아무도 없는데, 나는 행복했다. 아무도 없어서 행복했던 것이 아니라, 나를 부정하는 사람이 없는 자리여서 행복했다. 예전의 나는 무리 속에 있어도 혼자였다. 지금의 나는 혼자여도 혼자가 아니다. 나를 지키고 있으니까. 집 안에 울리는 시계 소리, 냉장고의 낮은 진동, 먼 곳에서 개 짖는 소리조차 나를 흔들지 못했다. 나는 고요의 한가운데 서 있었고, 그 고요를 누가 뺏을 수 없다는 것을 알고 있었다. 다른 사람들은 묻는다.

"심심하지 않냐?"

나는 웃으며 대답한다.

"하루가 모자라."

혼자 사는 일은 비어 있는 시간이 아니라 채우고 싶은 걸 채울 수 있는 시간이었다. 몸이 허락하면 오토바이를 타고 바다를 한 바퀴 돌고 돌아와 저녁밥을 차려 먹는다. 유튜브에서 오래된 노래 하나를 틀어놓고, 흥얼거리다 말고 창밖을 바라본다. 누군가 옆에 있어도 좋고, 없어도 괜찮다. 이제는 누구도 내 평화를 흐트러뜨릴 수 없다.

그렇다고 사람이 싫어진 건 아니다. 다만 내가 나를 잃지 않는 관계만 원하게 된 것뿐. 억지 친절, 억지 유대, 억지 친분. 그런 것 하나 없이 웃고 떠들 수 있는 관계가 좋다. 아니면 없어도 된다. 그래서 친구를 잃기도 했고, 새로운 사람도 만났다. 떠나는 사람을 잡지 않았고, 다가오는 사람을 밀어내지도 않았다. 내 옆에 머무는 사람만 남는 것. 오래된 인연도, 새로운 인연도 나를 있는 그대로 대하는 사람만 천천히 남았다. 마을에서도, 동창회에서도, 회사 동료들 사이에서도, 나는 더 이상 사람들의 평가로 흔들리지 않는 사람이 되었다.

어느 날, 옛날에 나를 무시했던 사람이 말을 걸어왔다. 전 같으면 속으로 상처를 곱씹었겠지만, 그날은 미소가 먼저 나왔다.

"잘 지냈어?"

그 한마디로 충분했다. 내가 그를 넘어섰다는 뜻이 아니라, 이제는 비교할 필요가 없다는 뜻. 길을 걸을 때 마음이 편안했다. 가슴에 멍울이 없었다. 누구에게도 보여줄 필요 없는 혼자서도 꽉 찬 마음. 그렇게 나는 마침내 평화에 도착했다. 싸워서 온 것도 아니고, 복수해서 온 것도 아니었다. 나를 지키면서 걸어온 끝에서 저절로 눈앞에 펼쳐진 장소였다. 화려한 것도, 요란한 것도, 불꽃 같은 것도 아니었다. 단지 고요하고, 쓸쓸하고, 그러나 따뜻한—나만의 중심.

고독했지만 외롭지 않았다. 아무도 없었지만, 꽉 차 있었다. 누가 달아주지 않아도 흔들리지 않는 나 하나면 충분했다.

마치며

누가 숲속의 이름 없는 꽃을 보았는가?

나는 아무것도 아닌 누군가에 대해 쓰려고 한다.

그는 분명히 존재했으나 그는 존재하지 않은 것과 같았고

그는 존재하지 않았으나 그는 분명히 존재했다.

그는 흙이나 돌멩이거나 낙엽이었고

그리고 꽃이었다.

그는 우주였고 모든 것이었다.

그에게는 이름이 없었으나 모든 이름이었고

그의 이름은 손가락 사이로 흘러내리는 모래처럼

기억할 수도, 기억할 이유도 없는 이름이었다.

그러나 그가 나였고 나 역시 그였기에 난 그를 어딘가 아린 마음으로 추억한다.

우리의 이웃이었고 우리의 자화상이었던 그를….

그를 처음 만났을 때 그는 어딘가 비어 있었다. 속이 텅 비어 있는 장정처럼 그는 분명히 존재하는 외형은 있었으나 어딘가 바람을 품은 무엇처럼 도무지 알 수 없는 인상이었다.

그는 친절했고 자상했으며 배려심이 넘쳤다. 매우 깊이 있게 상대를 배려했다. 그 배려는 어딘가 남달랐다. 내가 살아온 배경에서 등장했던 사람들과는 달랐다. 그들은 상대를 배려할 때 늘 '나는 너를 배려한다'가 배경음악처럼 깔려있었다. 그러나 처음 만난 그는 '나'가 빠진 문장이었다. 즉 '배려한다' 뿐이었다. 아니 아무것도 없었다. 문장조차 없었다.

그에게는 '나'라는 자의식이 탈색된 듯이 냄새도 나지 않았고 느껴지지도 않았다. 그래서 그와 함께 있는 시간은 우주를 유영하듯 중력감이 느껴지지 않았다.

우리는 모두 '나'라는 자의식의 중력을 갖고 살아간다. 그런데 이 남자에게서 그 중력감을 느낄 수 없었다. 그에게 우주는 그를 중심으로 돌고 있는 것 같지 않았다. 나를 만났을 때 그는 끊임없이 나를 중심으로 돌고 있었으며 그 사실이 그는 기분 나쁜 것 같지도 않았다. 난 좀 당황스러운 감정을 느끼면서도 그를 알아가기 위해 그를 응시하는 시간을 가지기 시작했다.

그를 응시하는 시간. 즉 인터뷰하는 시간 동안 난 매우 특별한 느낌이 들었다. 인간이 살면서 누군가의 깊은 응시를 받는 시간은 특별하다. 난 그가 이 우주 전체라도 되는 것처럼 응시했다. 그는 그만한 대우를 받을 자격이 충분했다. 그토록 오랜 시간을 살아왔음에도 불구하고 그는 충분히 천진난만했기 때문이다.

그는 온전하게 괴로워했고 온전하게 부끄러워했다. 여기서 중요한 것은 온전히 괴로워한 것이었다. 현대인들은 온전히 무엇을 느끼지 못한다. 끊임없이 '나'라는 페르소나에 갇혀 그 페르소나를 연기하기 때문에 온전히 무엇을 기뻐하거나 괴로워하지 못한다. 항상 필터에 걸리고 희미해진다. 그러나 그는 '나'라는 페르소나가 거의 느껴지지 않는 인간이었다. 그래서인지 그는 자신에게 일어나는 감정을 온전히 느낄 수 있었던 것이다.

그게 괴로움이든, 뭐든. 그가 느끼는 감정은 고스란히 내게 전달되었다. 그 감정에는 거짓이라곤 없었다. 마치 어린아이처럼 온전히 자신의 감정에 몰두하는 모습이었다. 그런 그를 응시하는 것은 마치 산 속의 맑디맑은 샘을 응시하는 것처럼 그 안에서 하늘도 숲도 그리고 나 자신도 보이는 것 같았다.

그의 말 한마디 한마디에는 거짓이라곤 없었다. 누군가에게 잘 보이려는 것도 숨기는 것도 과장하는 것도 없었다. 그러나 그는 부끄러워하거나 미안해하거나 걱정하거나 했다.

아! 숲속에서 한 송이 꽃을 만났을 때 우리는 그 꽃을 얼마나 주의 깊게 바라보는가? 그 꽃이 누군가의 응시를 받았을 때 얼마나 부끄러워하고 기뻐하고 걱정하는지 아는가? 온전한 선의로 기뻐하고 걱정하며 부끄러워하는 그 꽃을 나무랄 수 있는 존재가 이 우주에 있겠는가? 그는 그러한 존재였다.

그를 생각하면 마음에 잔잔한 파문이 인다. 잔잔하지만 온몸을 울리는 파문. 그 힘은 온전함, 천진난만함, 온몸으로 삶을 받아들이는 순하디 순한 마음이었다. 나이든 남자에게서 이런 느낌을 받는 일은 생각지도 못한 일이다. 특히나 자서전을 준비하는 나이든 사람에게서 이런 느낌을 받기란 거의 불가능에 가깝다. 그래서 경이롭다.

이 특별한 느낌을 선물한 그를 나는 그저 느낀다. 투명하게, 바람이거나 눈에 띄지 않기 위해 필사적으로 노력하는 숲속의 작은 꽃이거나, 대낮에 뜬 달처럼 보이지만 존재감이 옅은 그 무엇으로 느낀다.

그의 삶은 자서전을 쓰는 다른 누군가처럼 사회적인 업적을 이루었거나 대단한 명예를 쌓았거나 큰 부를 이루어서 다른 사람들에게 큰 영향을 미쳤거나 하는 것과는 완전히 거리가 멀다. 그의 삶은 위에서 언급한 것처럼 그저 한 송이 작은 꽃과 같은 무엇이었다. 보이지도 않고 아무도 기억하려 들지 않는 그런 풀과 같은, 우리 곁의 돌멩이 같은.

그러나 우리 곁에서 동질감을 주면서 우리 자신을 살아가게 만들어 주었던 그 이웃이었다. 묵묵히 인생을 살아온, 그래서 이 사회를 지탱해 주었던 그 이름 없는 이웃. 그래서 한 번쯤은 그를 따뜻하게 안아줄 수 있지 않을까. 나와 우리와 너무나 비슷한 우리의 다정한 이웃이니까.

마치며